政府部门财政整体支出的绩效评价理论与实务研究

ZHENGFU BUMEN CAIZHENG ZHENGTI ZHICHU DE JIXIAO PINGJIA LILUN YU SHIWU YANJIU

蒋海玲　王冀宁　刘国新　李　雯　著

河海大学出版社
HOHAI UNIVERSITY PRESS
·南京·

图书在版编目(CIP)数据

政府部门财政整体支出的绩效评价理论与实务研究 / 蒋海玲等著. -- 南京：河海大学出版社，2019.11

ISBN 978-7-5630-6165-5

Ⅰ. ①政… Ⅱ. ①蒋… Ⅲ. ①财政支出—经济绩效—研究—中国 Ⅳ. ①F812.45

中国版本图书馆 CIP 数据核字(2019)第 245711 号

书　　名/ 政府部门财政整体支出的绩效评价理论与实务研究
书　　号/ ISBN 978-7-5630-6165-5
责任编辑/ 张　媛　成　微
特约校对/ 史爱林
封面设计/ 张育智　周彦余
出版发行/ 河海大学出版社
地　　址/ 南京市西康路 1 号(邮编:210098)
电　　话/ (025)83737852(总编室)　(025)83722833(营销部)
经　　销/ 江苏省新华发行集团有限公司
排　　版/ 南京布克文化发展有限公司
印　　刷/ 虎彩印艺股份有限公司
开　　本/ 700 毫米×1000 毫米　1/16
印　　张/ 7.25
字　　数/ 120 千字
版　　次/ 2019 年 11 月第 1 版
印　　次/ 2019 年 11 月第 1 次印刷
定　　价/ 58.00 元

本书受到2019年国家自然科学基金面上项目(71971111)、2017年“江苏省高校哲学社会科学优秀创新团队”项目(2017ZSTD005)、2019年国家教育部人文社会科学研究一般项目(19YJAZH086)、2018年江苏高校哲学社会科学研究重点项目(2018SJZDI063)、2018年国家汉办孔子学院建设与汉语国际教育课题重点项目(18CI06B)的资助,特此致谢!

目录

CONTENTS

图目录

FIGURE CONTENTS

表目录

TABLE LIST

第一章

政府部门财政整体支出绩效评价研究概述

第一节　研究背景

党的十八届三中全会以来，构建现代财政制度、改进预算管理制度已成为国家治理的重要内容，而改进预算管理制度的重点是推进预算绩效管理。全面深入推进预算绩效管理，有助于高效调整完善财政政策及制度，进一步优化公共资源配置。新修改的《中华人民共和国预算法》第二十三条规定："各部门、各单位应当按照国务院财政部制定的政府收支分类科目、预算支出标准和要求，以及绩效目标管理等预算编制规定，根据其依法履行职能和事业发展的需要以及存量资产情况，编制本部门、本单位预算草案。"随着新预算法的实施，我国各级地方财政部门积极试点并逐步推进财政支出绩效评价工作。国务院《关于深化预算管理制度改革的决定》(国发〔2014〕45 号)为我国各级财政部门开展财政支出绩效评价工作提供了政策依据。财政部先后出台了《财政支出绩效评价管理暂行办法》《关于推进预算绩效管理的指导意见》《关于印发预算绩效评价共性指标体系框架的通知》等文件，对绩效评价工作进行了指导和规定。

随着财政支出绩效评价在开展广度和深度上的要求不断提高，单纯的项目支出绩效评价已经很难满足预算绩效的管理需要，以整体支出为对象的绩效评价能够更有效地掌握各预算部门的资源配置和整体绩效情况。然而，由于理论研究基础较为薄弱，整体支出绩效评价指标体系设计的合理性、科学性、可操作性问题在实际评价过程中逐渐显现。

第二节 研究意义

地方政府部门财政整体支出绩效评价，是从政府职能出发，根据预算部门设定的部门战略目标，运用科学、合理的绩效评价指标、评价标准和评价方法，对预算部门整体支出的绩效目标完成情况、部门履职情况、预算管理水平进行客观公正的评价。

通过部门整体支出绩效评价，能够准确找到地方政府部门支出管理的强弱项，促进其不断改进和创新已有的管理方式，提高管理效能和管理质量。与项目支出绩效评价相比，整体支出绩效评价覆盖面更广、评价层次更深；在评价范围上，不仅包括项目支出，还涉及人员支出和公用经费支出，较大程度上弥补了单纯评价项目支出致使放大绩效的问题。在评价内容上，整体支出绩效评价关注的不仅是专项资金的使用绩效，同时关注部门全部财政资金的总量安排合理性、资金结构与单位核心职能的匹配关系、资金安排对单位战略目标的支持程度，从更全面的角度为财政专项资金的合理分配提供参考依据。

第三节 研究概述

一、政府部门收入来源

政府部门收入包括行政事业单位的财政拨款收入、预算外资金收入和其他收入等。

（一）财政拨款收入

财政拨款收入是指由财政部门拨款形成的部门收入。财政部门根据预算单位的基本支出预算、项目支出预算以及各方面收入来源情况，综合核定对某一单位的年度财政拨款额。

（二）预算外资金收入

预算外资金收入是指行政单位为履行政府职能，依据国家法律、法规或具有法律效力的规章收取或提取，纳入财政预算外专户管理或按规定程序批准留用的财政性收入。预算外资金收入具体包括行政事业性收费、政府性基金（资金、附加）、主管部门集中收入、其他预算外收入四种类型。

1. 行政事业性收费，是指国家法律、法规规定以及国务院、财政部和国家计委审批的行政事业性收费。

2. 政府性基金（资金、附加），是指按照国务院或财政部审批的项目和标准向企事业单位和个人征收、募集或以政府信誉建立的具有特定用途暂未纳入预算管理的各种基金（资金、附加收入）。

3. 主管部门集中收入，是指部门（含代行政府管理职能的总公司和行政性组织）按国家规定从所属企事业单位和社会团体中集中收取的管理费及其他资金收入。

4. 其他预算外收入，是指除上述收入以外的预算外资金。包括以政府名义获得的各种捐赠资金，国家行政机关派驻境外机构的非经营性收入，有偿使用回收资金中未纳入财政预算管理的部分，财政专户利息等。

（三）其他收入

其他收入包括上级补助收入、事业收入（指从事专业业务活动取得的收入）、事业单位经营收入、附属单位上缴收入、用事业基金弥补收支差额等。

二、政府部门支出分类

政府部门支出包括基本支出、项目支出、其他支出，将基本支出、项目支出和其他支出汇总即可得到部门整体支出。

（一）基本支出

基本支出是行政事业单位为保障其机构正常运转和完成其日常工作任务所

必需的支出，具体包括人员支出和日常公用支出。

1. 人员经费类包括 9 个定额项目：基本工资、津贴及奖金、福利费、社会保障缴费、离退休费、助学金、医疗费、住房补助支出和其他人员经费。

2. 日常公用经费类包括 12 个定额项目：办公费、专用材料及一般设备购置费、水电费、邮电及通讯费、取暖费、物业管理费、交通费、差旅费、维修及租赁费、会议费、专项业务费和其他费用。

（二）项目支出

目前财政资金支持的项目支出大体可以分为三类，即基本建设项目支出、行政事业性项目支出和其他项目支出。

1. 基本建设项目支出是指用基本建设资金安排的项目支出。

2. 行政事业性项目支出是指用行政事业费安排的项目支出。主要包括大型修缮、大型会议和其他行政事业性项目。

3. 其他项目支出是指行政事业单位除基本建设项目支出、行政事业性项目支出以外的项目支出，包括企业挖潜改造资金、科技三项费用、农业综合开发资金等安排的项目支出。

（三）其他支出

在基本支出及项目支出中找不到相应栏目、不能对号入座的支出，就列在“其他支出”名下。

三、政府部门职能

（一）政府部门分类

中央人民政府（国务院）组成部门为：外交部、国家发展和改革委员会、科学技术部、国家民族事务委员会、国家安全部、司法部、人力资源和社会保障部、生态环境部、交通运输部、农业农村部、文化和旅游部、退役军人事务部、中国人民银行、国防部、教育部、工业和信息化部、公安部、民政部、财政部、自然资源部、住房和城乡建设部、水利部、商务部、国家卫生健康委员会、应急管理部、审计署。根据国务院 2007 年颁布的《地方各级人民政府机构设置和编制管理条例》，地方各级人民政府的行政机构其实是不受国务院节制的，地方各级人民政府行政机构的设立、撤销、合并或者变更规格、名称，由省级编办审核，由省政府批准，所以我国各省的行政机构设置其实并不是一个统一的模板。以南京市为例，政府工作部门有：发展和改革委员会、教育局、科学技术局、工业和信息化局、公安局、民政局、司法局、财政局、人力资源和社会保障局、规划和自然资源局、生态环境局、城乡建设委员会、住房保障和房产局、交通运输局、水务局、城市管理局、绿化园林局、农业农村局、商务局、文化和旅游局、投资促进局、卫生健康委员会、退役军人事务局、应急管理局、审计局、外事办公室、国有资产监督管理委员会、市政府研究室、市政务服务管理办公室、市场监督管理局、大数据管理局、体育局、统计局、医疗保障局、信访局、民族宗教事务局、人民防空办公室、地方金融监督管理局、机关事务管理局。

（二）政府部门职能分类

1. 综合协调职能。主要有办公室（厅）、发展计划委员会或经济委员会、财政、人事部门等。其中，政府办公厅（室）的支出包括：一般行政管理事务、机关服务、专项服务、专项业务活动、信访事务、参事事务、事业运行等支出。发展和改革委员会的支出包括：一般行政管理事务、机关服务、战略规划与实施、日常经济运行调节、社会事业发展规划、物价管理、事业运行等支出。财政局的支出包括：事业运行、机关服务、预算改革业务、财政国库业务、财政监察、信息化建设、财政委托业务、事业运行等支出。

2. 政法和社会保障职能。主要有公安、司法、安全、民政、劳动和社会保障部门等。其中，社会保障部门的支出包括：人力资源和社会保障管理事务、民政管理事务、补充全国社会保障基金、行政事业单位离退休、就业补助、抚恤、退役安置、社会福利、残疾人事业、红十字事业、最低生活保障、临时救助、特困人员救助供养、其他生活救助、财政对基本养老保险基金的补助、退役军人管理事务等支出。

3. 社会公共事务管理职能。主要有教育、文化、广电、卫生、计生、体育部门等。其中，文化和旅游局的支出包括：一般行政管理事务、机关服务、图书馆、文化展示及纪念机构、艺术表演场所、艺术表演团体、文化活动、群众文化、文化和旅游交流与合作、文化创作与保护、文化和旅游市场管理、旅游宣传、旅游行业业务管理等支出。体育局的支出包括：一般行政管理事务、机关服务、运动项目管理、体育竞赛、体育训练、体育场馆、群众体育、体育交流与合作等支出。

4. 专业管理职能。主要有交通、农业、林业、水利、海洋与渔业、土管、贸易、城建、城管部门等。其中，交通局的支出包括：一般行政管理事务、公路建设、公路养护、交通运输信息化建设、公路和运输安全、公路运输管理、铁路路网建设、铁路安全、机关服务、机场建设、空管系统建设、民用航空安全、民航专项运输、成品油价格改革对交通运输的补贴、邮政业、车辆购置税等支出。

5. 监督检查职能。主要有监察、审计、工商、税务、环保、物价、统计、质量技术监督、药品监督管理部门等。其中，审计局的支出包括：一般行政管理事务、机关服务、审计业务、审计管理、信息化建设、事业运行等支出。统计局的支出包括：一般行政管理事务、机关服务、信息事务、专项统计业务、统计管理、专项普查活动、统计抽样调查、事业运行等支出。税务局的支出包括：一般行政管理事务、机关服务、税务办案、税务登记证及发票管理、代扣代收代征税款手续费、税务宣传、协税护税、信息化建设、事业运行等支出。

本章小结

本章主要介绍了开展政府部门财政整体支出绩效评价的研究背景、研究意义以及研究概述。对政府部门的收入来源以及支出分类做了简要的阐述，政府部门收入包括行政事业单位的财政拨款收入、预算外资金收入和其他收入，政府部门支出包括基本支出、项目支出、其他支出。最后对政府部门的分类、职能分类及支出做了简要的介绍，明确根据不同部门的特有职能设计有针对性的指标体系并展开评价。

第二章

政府部门财政整体支出绩效评价存在的主要问题

21世纪以来，由于政府承担资源的配置和经济发展职能，政府部门财政整体支出成为社会关注的热点问题。政府及社会大众关注的问题可以归结为：(1)政府部门财政整体支出预算与实际支出的科学匹配问题；(2)政府部门财政整体支出结构不平衡问题；(3)政府部门财政整体支出专项资金与财政补助的使用合规性问题；(4)政府部门财政整体支出的绩效评估缺失问题；(5)政府部门财政整体支出的其他问题。

第一节　政府部门财政整体支出预算与实际支出科学匹配问题

分税制改革后，国家政府部门的财政汲取能力不足问题得到初步解决。但是，资金的支出问题，对政府治理体制和治理能力提出了新的要求，对政府部门财政整体支出预算与实际支出科学匹配能力也是一个很大的考验。如何科学合理地编制政府部门整体预算与支出，成为政府部门支出过程中面临的重大挑战，也是建设现代预算国家的重要基础。中国政府是在很短时间内由一个捉襟见肘的“穷政府”快速迈入“富政府”，这对政府部门支出预算与实际支出科学匹配提出了更大挑战，也正是在这个过程中才出现了政府部门财政整体支出预算与实际支出科学匹配问题。

为提高政府预算与支出能力，西方国家纷纷建立了现代预算体制，用理性化、规范化的预算体制将政府部门资金有效、规范地支出去，为社会提供公共产品和公共服务。学界将这一过程称为“预算国家”的建立过程(Cleveland，F. A.，1915；王绍光，2002；王绍光，2007；王绍光和马骏，2008)。

政府部门财政整体支出预算与实际支出科学匹配问题主要表现在两个

方面：

一是政府部门财政整体支出预算编制问题。地方政府部门在整体支出制度方面的不完善，使得有些人员或部门拥有过大的资金自由裁量权。与此同时，个别部门领导采取一言堂的方式进行政府部门财政整体支出预算的编制，甚至政府部门财政整体支出资金直接由领导或部门决定，致使政府部门财政整体支出存在预算与实际支出科学匹配问题。作为核心预算机构的政府部门预算能力严重不足，不能有效统筹政府整体支出资金，大量政府部门财政整体支出资金不能细化预算到具体部门和项目。

二是政府部门财政整体支出预算支出问题。政府部门在整体预算支出过程中尚有不足之处，具体表现为：(1)政府部门财政整体支出的预算资金会相对宽裕，支出资金的利用率不高，形成了政府整体支出资金的大规模闲置浪费。(2)由于缺乏政府部门财政整体支出资金使用效率的考核惩罚制度，预算资金执行不到位。政府部门财政整体支出预算资金缺乏对项目的划分，精确计算预算金额，并对上级下拨的转移支付进行说明，加剧了政府部门财政整体支出资金执行的不到位。(3)政府部门财政整体支出预算资金的拨付需要一系列繁复的审批程序，例如预算编制和批复环节、项目申报和资金下达存在时差，使得政府部门支出预算资金的拨付存在滞后性。与此同时，项目在使用资金的过程中还需要根据具体情况灵活变化，出于担心资金的不足，形成了大规模沉淀资金(图 2.1)。

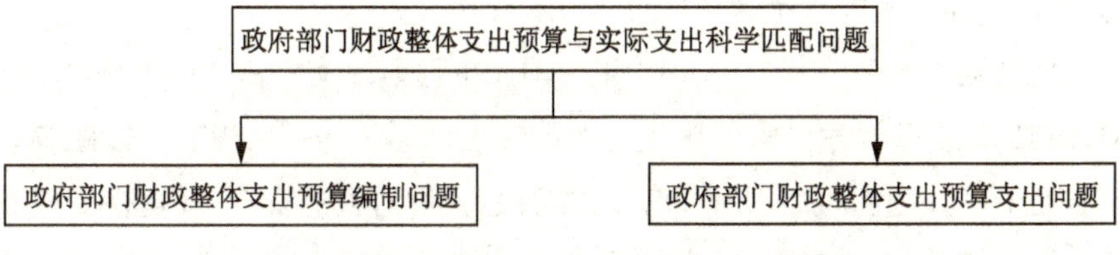

图 2.1 政府部门财政整体支出预算与实际支出科学匹配问题

第二节 政府部门财政整体支出结构不平衡问题

进入21世纪以来，我国政府部门财政整体支出年均增长率保持在19%左右，我国政府部门财政整体支出呈快速增长趋势。在政府部门财政整体支出资金逐步增长的同时，我国政府部门财政整体支出重视支出规模或数量，对支出质量或效率方面的关注略显不足。

众所周知，近年来我国政府部门财政整体支出所面临的压力越来越大，直接表现为中央政府及地方政府财政赤字水平不断上升（若考虑隐形债务所导致的赤字，真实赤字水平可能远远高于官方公布的数据），政府部门财政整体支出结构不平衡性问题开始浮现。政府部门财政整体支出结构的不平衡会对经济产生重要的影响。

政府部门财政整体支出结构不平衡问题表现为：

一是行政支出日益增长。行政管理费支出至少占政府部门财政整体总支出的30%以上。地方政府民生支出占国民收入比重不断下降，行政管理费支出却不断增加。行政管理费支出属于刚性支出，削减困难，对控制政府部门财政整体支出增长不利。与此同时，行政管理费支出的不断增加也违背了十八大提出的“更大程度更大范围发挥市场在资源配置中的基础性作用”及十八届三中全会提出的“使市场在资源配置中起决定性作用”。

二是民生支出微乎其微。2013年中国民生性财政支出占49.25%，与美国、法国、瑞典、丹麦等发达国家的民生性财政支出（80%～90%）尚有一段距离。当前政府处于“建设型”向“服务型”转变的阶段，人们对食品安全、环境保护以及医疗卫生保健等方面提出越来越高的要求，这也对政府的民生性支出提出了新要求。倘若不注重民生性支出，会诱发一系列问题，例如：政府部门财政整体支出支农资金的比重下降，制约农业的发展；社会保障性支出不足，制约市场化改革进程；政府行政性支出过多，阻碍地方产业结构的升级等。

三是支出缺乏生产效应。政府部门财政整体支出的不平衡，使得政府部门财政整体支出缺乏生产效应。长期忽视民生性支出会恶化本地区的市场经济环境、社会福利水平、生态环境，显著提高生产者和消费者的交易成本，使优质物质资本、人力资本、信息等生产要素的宽幅流出，弱化产业聚集效应。政府部门支出对于生产性支出的不足及生产性支出存在滞后效应，使得经济发展不具有可持续性。

四是领导存在任期时限。政府部门财政整体支出投向上偏爱见效快、增长效应明显的投机性支出。这会出现经济增长方式的同质化，极易扭曲社会资源的合理配置，导致区域间产业结构趋同化、产业结构松散、产业恶性竞争等问题，阻碍产业结构优化。因此，在政府部门财政整体支出总额既定下，政府部门总是会制定相对较多的有利于自身职位晋升的支出，制定相对较少的民生性部门整体支出。例如：生产性部门整体支出通过提供铁路、公路、通讯等基础设施，对国民生产和宏观经济增长具有促进作用；福利性部门整体支出通过提供医院、教育、社会保障支出等公共服务对改善人们福利具有重要作用（图 2.2）。

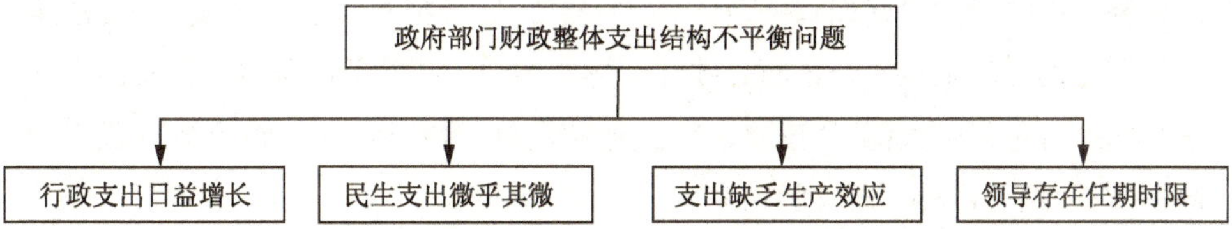

图 2.2　政府部门财政整体支出结构不平衡问题

第三节　政府部门财政整体支出专项资金与财政补助合规性问题

世界各国政府部门财政整体支出都存在着专项资金与财政补助这一项，我国的专项资金与财政补助却具有典型的“中国特色”，有着特殊的属性和地位，服务于政府部门的重大决策及中心工作,成为实现体制性目标的重要工具和推手。

随着我国经济的快速发展及财政收入的高速增长,专项资金与财政补助资金规模不断扩大,覆盖范围不断延伸。据财政部资料显示,2015 年,国家层面的专项资金有 285 项,其中补助性资金约占 1/3,资金主管单位几乎涉及所有的党政群部门,其中又以发改、经贸、教育、科技、宣传、民政、人社部门为主。

与此同时,有关专项资金与财政补助资金的设立、分配及使用过程中所产生的问题及矛盾也日趋尖锐,并且具有一定的同质性。针对出现的这一系列问题,国家层面已经出台了相关的政策及管理意见和办法:2013 年十八届三中全会提出要“清理、整合、规范财政专项项目”;2015 年国务院在《关于改革和完善中央对地方转移支付制度的意见》中,更将全国每年 5 万亿元的转移支付资金作为改革的重点。

专项资金与财政补助使用合规性问题可以归结为:

一是违背初衷,政策目标不能实现。政府部门财政整体支出专项资金与财政补助实施的效果与初衷背离,政策目标不能实现,甚至根本没有制定目标,无法检验。同时衍生出诸如数字造假、资金截留、假公济私等违法违规行为,甚至引发因补助对象认定不公正而导致社会群体事件。政府部门财政整体支出专项资金的执行过程中大都以“按要求完成补贴发放”为执行目标,将政策过程视为政策结果,从而背离了政策的初衷。

二是用途广泛,使用数据收集困难。专项资金和财政补助用途广泛,致使所收集数据的准确性有待商榷。由于缺乏专项资金使用的正式详细的预算以及结算,对于后期专项资金使用绩效的评价出现数据真实性的怀疑,对专项资金与财政补助的使用评价产生直接的影响。专项资金缺乏规范的会计核算,也是其数据收集困难的原因之一。

三是项目混杂,资金配置效率低下。专项资金与财政补助项目“鱼龙混杂”和实际补助对象出入大,影响专项资金配置效率。所谓“知类通达”,就是强调分类的重要性,正确的专项资金与财政补助项目支出分类可以缩减损失的空间。近十年来,虽然国家及各级政府部门在规范资金管理、压缩资金规模等方面做了不少工作，但专项资金项目并没有出现实质性的削减，资金绩效也没有明显改善，所产生的问题更没有得到有效遏制。政府部门对于专项资金的补助对象情况难以掌握，实际支出项目以事先相关出台文件为支撑依据，补助对象不能做到精准，影响专项资金的配置效率。

四是拨付迟缓，项目无法迅速开展。在最近十年，中央专项资金的规模不断扩大，要求配套项目不断增多。资料显示，2010 年，中央对地方转移支付共 2.73 万亿元，其中专项资金达 1.41 万亿元，加上一般性转移支付中指定用途的资金，共约 62%的财政资金有规定用途，包含要求地方政府部门的财政配套，制度上为资金的拨付迟缓埋下伏笔；2012 年，这一比例达到了 64.4%。这也就意味着，在中央补助资金中，约有 65%的资金是指定用途的，地方政府部门不得挪作他用，不可自由支配，导致专项资金的分配不均衡，部分项目因缺乏资金的支持而无法开展。与此同时，专项资金的难以落实又表现在部分项目需要项目申请人先行垫付部分资金，政府部门资金的入不敷出无法兑现先前承诺，兑现配套的专项资金，致使项目无法开展（图 2.3）。

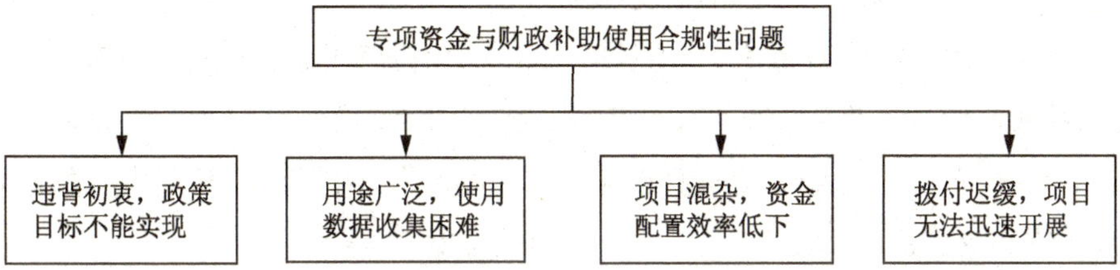

图 2.3　政府部门财政整体支出专项资金与财政补助使用合规性问题

第四节　政府部门财政整体支出的绩效评估缺失问题

政府部门财政整体支出是国家治理的基础与重要支柱。21 世纪以来，为缓解政府部门财政整体支出压力，回应社会对“政府的钱花到哪里，效果怎么样”的诘问，建设阳光政府部门财政整体支出，我国开始推行政府部门财政整体支出绩效评估。

目前，很多地方开展政府部门财政整体支出绩效评估管理工作，已经取得了明显的进展。但是，一些地方的政府部门出台整体支出绩效管理工作考核办法，考核结果却不了了之。此外，无论对单项的政府部门支出绩效管理结果，还是整体性、综合性的政府部门支出绩效管理效果，都没有建立问责机制。

在现实中，政府部门支出绩效管理结果往往作为各有关部门项目建设档案保存，或作为有关部门加强新上项目管理的借鉴或参考，对于政府部门资金支出项目中的成绩、问题与相关责任，对项目执行过程中的各个环节责任人并没有任何直接约束。没有约束力和惩罚力的政府部门财政整体支出绩效管理，必然没有威慑力，久而久之将影响政府部门财政整体支出绩效管理工作的权威性，制约部门此项工作的深入开展，极易导致政府部门支出绩效管理工作流于形式。

政府部门财政整体支出绩效评估在我国启动时间不长，相关体制机制尚不成熟，评价面临着现实矛盾，具体表现在：

一是政府部门财政整体支出绩效评价审计化特征明显。政府部门财政整体支出绩效评价过于重视资金使用合规性（微观层面评价），与财务或财政审计差异不大。这在一定程度上模糊了政府部门财政整体支出绩效评价与审计的差异性，导致财政监督的功能性重复，带来体制性摩擦与内耗。

二是政府部门财政整体支出绩效评价缺乏顶层规划设计。政府部门财政整体支出绩效评价一直由财政部门主导，公信力和认同性不足。财政部门与其他部门呈平行关系，在不同程度上相互牵制。在这种情况下，出于部门利益的考虑，财政部门往往会缺乏足够的底气去发布一个负面的评价结果。

三是政府部门财政整体支出绩效评价标准及法制化建设滞后。政府部门财政整体支出评价依赖于建设规范的技术标准，但目前这一标准未完善，个性指标库存在不完善和不规范的问题。全国范围内，缺乏专门立法和程序保障。第三方实施的评价依据的是政府部门文件，无法完全消除评价中的委托-代理关系涉及的道德风险及可能滋生的腐败。

四是政府部门财政整体支出绩效评价信息化程度不高。政府部门财政整体支出绩效评价信息不透明和不完整，包括支出资金过于笼统，绩效评价的能力和条件受到制约，信息不对称或失真，加大了信息收集、甄别和处理的难度，直接影响评估结果的客观性、科学性和公信力（图 2.4）。

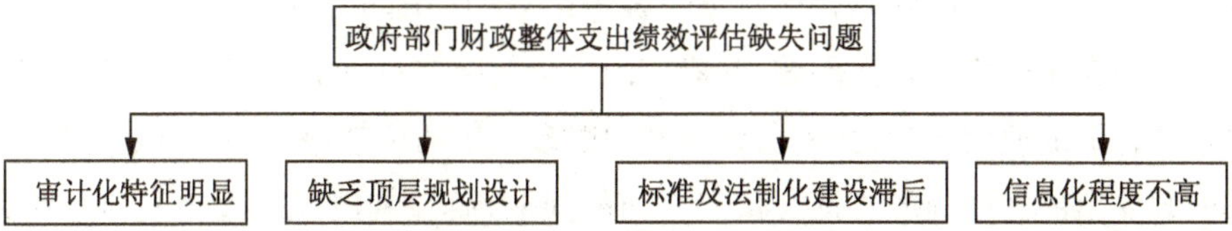

图 2.4　政府部门财政整体支出绩效评估缺失问题

第五节　政府部门财政整体支出的其他问题

一是政府部门财政整体支出绩效成果评价存在问题。绩效评价的结果不具有实用性。对于部门整体支出的绩效评价所得结论，相关部门未能充分利用。究其原因，可能是由于国内成果评价法制化和制度化建设不够及政府部门支出评价体系不健全。

二是政府部门财政整体支出绩效评价的监督问题。政府部门支出资金预算编制的不科学及预算草案缺乏“项、目、款”的具体内容，致使相关人员的监督不能深入，使得监管流于形式。由于监管力度不够，政府部门官员在晋升的激励下，会更加偏向经济性支出，弱化民生性支出。

三是政府部门财政整体支出存在最优规模的问题。对于政府部门财政整体支出而言，经典研究认为部门整体支出存在某个最优的规模。值得关注的是，即使政府部门财政整体支出规模达到最优，政府部门支出结构的变化也会对经济产生重要的影响。

本章小结

本章将政府部门财政整体支出过程中出现的问题主要归结为：政府部门财政预算与支出的科学匹配问题、政府部门支出的结构不平衡问题、专项资金与政府财政补助的使用合规性问题、政府部门财政支出的绩效评估缺失问题、政府部门财政支出的其他问题。针对这五方面的问题，研究其出现的缘由及可能带来的影响，避免日后政府部门财政支出过程中遇到同样的问题而造成国家资金的浪费。

第三章

发达国家部门整体支出绩效的国际比较研究

第一节　美国的经验借鉴与评价范例

一、美国的经验借鉴

美国是根据1993年通过的《政府绩效与结果法案》的统一要求，制定部门战略规划、年度绩效计划与绩效目标，并发布年度绩效与责任报告[1]。联邦各个部委都必须根据《政府绩效与结果法案》制定本部门的战略规划、绩效计划和绩效与责任报告，总统授权管理与预算局(OMB)统一对联邦各部门的绩效管理进行协调和监督，并将部门绩效预算与其绩效目标的实现状况挂钩[2]。首先，联邦各部门在征询总统和国会意见的基础上，根据部门使命制定五年战略规划和战略目标；然后，为了具体实施和评估，把这些战略目标分解为年度绩效计划和年度绩效目标；最后，形成全面的责任报告。在《政府绩效与结果法案》指导下，当时的副总统戈尔和他的委员会建立了一系列衡量部门和个人工作成绩的机制。其中，美国政府责任委员会提出了一个指标体系，它包括六个基本指标，分别是投入指标、能量指标、产出指标、结果指标、效率和成本效益指标以及生产力指标。该体系不同程度地反映了质量、经济、效率、效果等标准。在实际操作过程中，许多市与县政府使用了150种到1500种不等的指标，并且各州、各机构都根据自己的特点设立了具体的评估标准。各地的绩效评估都各有特色[3]。

美国财政支出绩效管理对象包括“部门年度绩效评价”和“专题绩效评价”[4]。当代美国联邦政府绩效评估建立了层级式绩效评估体系，其绩效评估由项目评估、部门评估、跨部门评估三部分组成，改变了过去由某个(某几个)部门所进行的孤立评估，逐渐形成了推行政府绩效评估的良好氛围[5]。

为了加强政府部门财政支出绩效管理，美国政府随后实行了一系列措施。2002 年，美国政府推出了项目评价分级工具（Program Assessment Rating Tool，PART），对联邦项目的实施结果进行分级，使绩效与预算决策相统一[6]。PART 由四个部分组成，分别是项目目标与设计、战略性规划、项目管理、项目效果，四部分所占权重分别为 20%、10%、20%、50%，每部分由相互关联的问题构成，每个问题得分通过与该部分权重相乘得到加权分数，从而获得项目的综合评分[7]。此外，布什政府于 2003 年推行部门绩效"报告卡"制度，围绕组织绩效的主要方面设立绩效基准和等级评估标准。布什总统明确指出"政府应该是结果导向的，它不由过程而由绩效引导"，并确定了政府改革的三个原则，即"以公民为中心，以结果为导向，以市场为基础"。布什政府提出了预算的新格式，强调绩效与预算紧密相连，力图从资源配置方面推动部门绩效的提高[8]。为推动《总统管理议程》的有效实施，美国还制定了"红绿灯"评价标准体系，使用红、绿、黄三种颜色分别代表对部门完成任务水平的不同评价。其中，"绿"代表成功，"黄"代表取得了一定程度的进步，"红"表示失败。通过"红绿灯"评价标准体系，评价各部门执行《总统管理议程》所确定的改革执行情况[9]。

二、美国的绩效评价范例及比较分析

表 3.1 美国相关政府部门支出的绩效评价一览表

(a) 美国社会保障局部门支出的绩效评价

指标设计	指标内容	优缺点
绩效目标	长期目标：主要集中在服务质量、计划管理、偿债能力、人力资源等四个方面； 短期目标：主要集中在服务效果和效率方面	优点：设定的目标比较全面，涵盖全部工作，是总体的、宏观的目标； 缺点：目标比较宽泛

续表

指标设计	指标内容	优缺点
绩效管理方法	平衡计分卡、政府项目评级工具PART	优点：PART评级在各部门建立了完善的指标体系，积累了海量的绩效信息，并大幅提高了绩效信息的可及性； 缺点：PART运行的各个环节都要精确具体，并且适用范围存在一定的局限性
绩效管理过程	1. 设置部门施政战略目标；2. 确定项目绩效目标与设计绩效测度指标；3. 绩效评估信息的表达；4. 绩效信息与预算调整	优点：管理过程全面严谨； 缺点：每一环节缺乏细致的指导
绩效报告	包含管理当局的评论分析和具体的绩效信息及财务信息。具体内容包括各项计划的成果、组织架构与人力资源配置状况，组织整体的经营成果、资产负债状况、历史财务信息比较、特殊或重大财务变动、长期目标的挑战、执行策略、预期成果与实行措施	优点：报告内容广泛，涵盖政府部门的评论分析和各项绩效信息； 缺点：只是报告责任履行情况，未对下一阶段工作改进提出更好的建议

资料来源：

[1]王增民.国外社会保障机构的绩效管理[J].人才资源开发，2008(5)：26-28.

[2]晁毓欣.美国联邦政府绩效管理改革三部曲：以社会保障局为例[C]//2010年"海右"全国博士生论坛(公共经济学)"经济社会发展转型的公共政策"学术研讨会论文集，2010.

(b) 美国桑尼维尔市警察局部门预算的绩效评价

指标设计	指标内容	优缺点
部门职责划分	九大项目：警察服务、消防服务、社区安全服务、人事与培训服务、调查服务、通信服务、公共安全管理服务、数据管理和财产服务以及防火与危险物品服务	优点：这些项目是从其职责中科学梳理出来的，职责划分明确
绩效管理内容	四项内容：一般性资金、资产罚没资金、警察服务增加资金、事业发展资金	优点：涵盖了警察部门财政支出的各项资金

续表

指标设计	指标内容	优缺点
绩效管理结果	实现了绩效目标与部门任务的对接，实现了绩效目标与绩效结果的对接，实现了绩效结果与编制数量的对接	优点：将预算与绩效通过工作项目和内容绑在一起，绩效管理更加科学合理
绩效管理体系	构建了“战略定位、职责定位、绩效定位和预算定位”四位一体的政府绩效预算管理体系	优点：这样的管理体系使得部门规划有聚焦性，职责分明，将绩效目标、绩效任务、绩效预算和绩效编制有机地结合在一起，树立了部门预算绩效的典范； 缺点：管理体系中的每个环节都太过细致具体，实际操作起来难度较大

资料来源：胡晓东，陈珏如．美国警察部门绩效预算管理研究——基于“美国桑尼维尔市警察局”的个案[J]．天津行政学院学报，2017，19(5)：73-80.

(c) 美国林业部门预算的绩效评价

指标设计	指标内容	优缺点
绩效评价主体	农业部林务局	优点：部门各项信息容易获取，信息准确性高； 缺点：评价主体是政府内部，缺乏政府外部第三方的考评，绩效结果不够客观
绩效评价依据	按照《政府绩效与结果法案》的要求提交战略规划、年度绩效计划和绩效目标以及绩效评价和责任报告	优点：按照法案要求进行评价，科学全面； 缺点：缺乏针对部门特色的评价，太过笼统
绩效目标	建立了 6 个战略总目标和 16 个战略分目标	优点：目标有总有分，涵盖面广
绩效评价指标体系	农业部林务局选择了一系列关键绩效评价指标，用其取得的实际值与其设定的目标值进行比较，评价目标实现情况	优点：体系完整，有针对性； 缺点：需要获取或计算每一项指标的实际完成情况，工作量大，需要大量人力、物力、财力的支撑

续表

指标设计	指标内容	优缺点
绩效评价结果	评价结果有四种情况：超过，实际值等于或大于目标值的110%；基本满足，实际值在目标值的90%与110%之间；不满足，实际值小于目标值的90%；正在设立目标值	优点：评价结果界定客观具体，并附有详细说明，便于工作人员形成最后的评价结果； 缺点：结果计算工作繁杂，耗时较长

资料来源：刘红梅，王克强，陈玲娣．美国林业部门预算绩效评价及对我国的启示[J]．林业经济，2007(12)：73-76.

第二节　英国的经验借鉴与评价范例

一、英国的经验借鉴

英国政府从“雷纳评审改革”(1979年)到“公民宪章运动”(1991年)，再到“政府现代化运动”(1999年)，构建了一套比较完整的政府绩效评价体系[6]。

英国政府的财政支出绩效管理工作受公共服务和公共支出内阁委员会指导和监督，主要由各政府部门进行财政支出自我评价，同时英国财政部为保证各部门递送决算资料的准确性，并确保公共支出的目标能够达到，每年也会对一些政府部门支出情况进行综合绩效评价[4]。

英国公共部门投入了大量的资金来开发必备的计算机系统，设置了1 800多个具体绩效指标，并运用现代技术方法对绩效指标的数据进行整合分析，得出特定的综合绩效指标。同时，按照关键指标设计(KPI)思想，在整体分类和地方公共部门的持续改进能力两部分分别设置核心指标，突出了重点。尽管评估体系开发复杂，英国公共部门为增加评价过程的透明度和公平度，便于接受公众对评估过程的监督和理解，整个评价过程中设置的评价方法、评价规则、评价指标等浅显易懂，操作简便。此外，在整个评估框架渗透了平衡计分卡思想，在财务方面强调了资金的使用效率和资源的内部控制[10]。

二、英国的绩效评价范例及比较分析

表 3.2 英国相关政府部门支出的绩效评价一览表

(a) 英国消防和救援部门支出的绩效评价

指标设计	指标内容	优缺点
绩效评估机制	综合绩效评估(Comprehensive Performance Assessment,CPA)和最优价值绩效示标(Best Value Performance Indicators,BVPIs)	优点:符合本国国情,凸显本国绩效评估特色

资料来源:张国玉.英国消防和救援部门绩效评估及其启示[J].标准科学,2008(7):24-26.

(b) 英国公共部门支出的绩效评价

指标设计	指标内容	优缺点
绩效评价工具	综合绩效评估(Comprehensive Performance Assessment, CPA)	优点:这个评估工具不仅仅停留在评判阶段,更加注重公共部门的可持续发展; 缺点:评价工具稍显单一
绩效改进状况	级别分类表:根据以前年度的分类级别,考虑到地方公共部门现时完成工作的情况,地方公共部门的分类级别将适时更新并在审计委员会网站上进行公布	优点:有利于追踪部门绩效改进状况,部门绩效情况公开透明
绩效评价指标体系	投入了大量资金来开发必备的计算机系统,设置1 800多个具体绩效指标,并运用现代技术方法对绩效指标的数据进行整合分析,得出特定的综合绩效指标。同时,按照关键指标设计(KPI)思想,在CPA整体分类和地方公共部门的持续改进能力两部分分别设置核心指标,突出了重点	优点:结合现代技术指标体系,科学全面; 缺点:资金投入大,且指标繁多,评价耗时久

资料来源:马雁军.英国公共部门综合绩效评估新框架的九个特点[J].新东方,2009(7):54-57.

(c) 英国地方政府部门支出的绩效评价

指标设计	指标内容	优缺点
绩效考核框架结构	全面绩效考核的框架结构(CPA Framework)主要包括三部分:一是资源利用评价(Use of Resources);二是服务评价(Service Assessment);三是市政当局评价(Corporate Assessment)	优点:涵盖面广; 缺点:缺乏政府外部第三方的评价,评价结果存在一定的主观性
全面绩效考核指标体系	第一部分:资源利用评价,包括财务报告、财务管理、财务信用、内部控制、投资效益五个主要二级指标; 第二部分:服务评价,主要包括对地方政府环境服务、住房服务、文化服务的评价; 第三部分:市政当局评价,包括抱负、优先发展战略、能力、内部绩效管理、成就等	优点:指标体系丰富,分类科学,是涵盖部门全方位工作的绩效考核体系; 缺点:各项指标数量众多且比较宽泛
全面绩效考核运行机制	由国家审计署具体负责。国家审计署根据法律法规以及中央政府对地方政府的具体要求,在充分征求政府官员、专家学者、社会团体以及公众意见的基础上,提出地方政府绩效考核的框架结构和基本方案,并及时向地方政府和社会公布。年终考核时,地方政府首先对照评估办法进行自评,然后由审计署组织有关官员、专家等进行实地考察和问卷调查,得出考核结果。根据考核结果分别授予地方政府一星级、二星级、三星级、四星级政府的荣誉称号,成绩优秀者给予奖励,欠优秀者拿出整改方案并反馈整改结果	优点:运行机制科学严谨,国家层层把控且采纳政府外部人员意见,评价结果更加客观可靠; 缺点:各个环节都比较严格细致,可能会导致评价过程中耗费过多的人力、物力、财力

资料来源:陈宏彩. 英国地方政府全面绩效考核体系及其借鉴意义[J]. 国外社会科学,2007(2):61-67.

第三节　澳大利亚的经验借鉴与评价范例

一、澳大利亚的经验借鉴

1987年，澳大利亚政府要求各级政府准备其进行部门支出绩效评价的计划。一年以后，扩展到对每个政府部门，建议准备评价计划，对执行中的项目作年滚动评价计划提交财政部，然后要求每一年对每一个政府项目进行评价，并将评价报告公开出版[11]。现行的澳大利亚政府绩效评价系统中，总理与内阁大臣部(Department of the Prime Minister and Cabinet Portfolio，DPMC)下设的中央机构澳大利亚公共服务委员会(Australian Public Service Commission，下称APSC)主导澳大利亚公共服务(Australian Public Service，下称APS)的评价和报告。APS范围广泛，涉及社会保障、教育和医疗卫生服务体系等，还兼有保护生态环境以及为政府制定和实施政策提供建议等职责。APSC是APS的核心机构，领导其他APS机构共同为政府提供公共服务和公务员管理方面的报告和建议[12]。

澳大利亚财政支出绩效管理以“目标与产出框架”为理论基础，使政府更好地将其设立的为公众服务的目标与其最终产出成果联系起来。这项绩效管理制度建立了一种以结果为基础和导向的管理责任制[4]。以产出和结果为中心，以绩效目标为依据，以项目管理为重点，围绕公共支出绩效评价体系展开，侧重于控制政府支出规模，提高政府公共管理的责任性、公开性及资源配置的有效性等[13]。

澳大利亚公共支出绩效考评侧重于政府部门内部考评的内容，主要针对项目和计划的执行情况、效果、影响和管理等方面。绩效考评制度的基本框架是结果和产出框架(The Outcomes & Outputs Framework)，主要关注公共部门的决策和向社会提供的公共产品。考评工作体系由四个部分组成:部门绩效考评、项目考评、其他考评和绩效审计。公共支出绩效考评工作由澳大利亚联邦财政部(DOFA)负责[14]。澳大利亚对公共支出效益的评价是通过对绩效指标完成情况的考察来实现的,评价指标的设计是评价工作的核心问题。财政部在遵循指标设计原则的基础上,制定了一个多层次的、科学实用的评价指标体系,这一指标体系包括部门事业发展目标绩效指标和部门产出绩效指标[15]。另外,澳大利亚等国家在推行绩效评价措施时,提出了构筑以顾客为导向的电子政府和政府在线服务的发展目标,以提高政府收集、处理信息的能力和对社会公众的回应力[16]。

澳大利亚财政支出评价并不是我们通常理解意义上的对已支出财政资金的事后评价,而是一个涵盖确定发展目标、制订考评计划、设计考评指标、编制考评报告、绩效考评和绩效审计等阶段的全过程评价。经过多年的探索和实践,澳大利亚已建立了一套项目评价、部门评价和综合评价等相结合的多层次的财政支出绩效评价体系,既包括各业务部门从业务角度的自我评估(各部门要撰写年度考评报告,提供考评的基本信息),也包括财政部门从资金使用角度的综合评估(财政部门要对各部门的绩效考评报告进行审核并报议会批准),还包括审计部门作为第三方进行的独立评估[16]。这种层级递进式的评估过程,保证了评价结果的全面性、客观性和专业性。

二、澳大利亚的绩效评价范例及比较分析

表 3.3　澳大利亚社会保障机构部门支出的绩效评价

指标设计	指标内容	优缺点
绩效管理方法	引入了平衡计分卡的管理工具,在战略设计、计划设定、策略安排、绩效评估及反馈等方面进行管理和组织的重构	优点:经典的绩效管理方法; 缺点:缺乏融合自身国家绩效管理特色的管理工具,创新力度不够

资料来源:王增民.国外社会保障机构的绩效管理[J].人才资源开发,2008(5):26-28.

第四节　新西兰的经验借鉴与评价范例

一、新西兰的经验借鉴

新西兰是世界上最早在政府会计和政府预算中引入权责发生制的国家，同时也是新绩效预算改革的先行者，其先进的绩效管理模式被诸多国家模仿及学习。

新西兰政府绩效管理模式的最大特点是严格按照委托代理关系设计绩效管理流程，偏重于重视政府部门的行政执行效率。对于类似我国在绩效评价与预算联动时出现的难题，新西兰通过契约的形式来解决，即用合同规定政策执行所需的权利、义务和资源，绩效评价是测定合同约定的产出情况[17]。

1989 年为衡量政府部门的绩效，新西兰政府发布《公共财政法案》，以配合《国家部门法案》的实施。该法案将企业会计方法引入公共部门，要求各部门向议会提供一系列全面的财务报表，所有报表均应使用权责发生制并向社会公开将公共部门财务管理的重点由投入转向产出和结果并考虑绩效，引进信息系统来帮助评估绩效。通过权责发生制，财政部和国库部、国会审计署可以清楚地掌握各个部门的财务有关信息，从而为评估其绩效提供了有力的工具。

新西兰绩效管理不同于其他国家的一个突出特点是对“产出”和“结果”进行清晰的界定。1989 年《公共财政法案》及其修正案、1991 年《雇佣合同法》和 1994 年《财政责任法》，强化了中央政府各部、执行机构的财政责任、考核关系及绩效评估。在这一彻底“执行机构化”的体制下，部长负责“结果”，部门首席执行官负责“产出”[18]。新西兰支出绩效管理的产出与结果层面分别承担预算责任[19]，相对应的，决策层负责结果层(亦即产出对公众的影响)，管理层负责产出层，主要工作就是对资源的分配，最终建立产出基础、结果重点型的绩效战略计划和资源配置相互关联的管理体系[20]。

新西兰绩效评价指标体系设计综合考虑了财务状况、战略意图、业绩声明和服务效果等多方面因素，对产出和结果均有所体现，这也是新西兰面向产出和结果导向绩效评价的内在要求。在绩效评价结果的运用方面，考评结果与预算分配直接挂钩，新西兰将部门年度预算绩效评价结果与下年度预算安排有机结合，从根本上确保绩效预算评价工作的有效性[6]。

二、新西兰的绩效评价范例及比较分析

表 3.4　新西兰公共服务部门支出的绩效评价

指标设计	指标内容	优缺点
评价依据及评价手段	1. 绩效协议；2. 战略结果领域和关键结果领域；3. 月度和季度报告；4. 年度报告	优点：评价参考内容全面，评价结果更加准确可信； 缺点：耗时长，及时性较差
绩效评价的实施步骤	1. 提出绩效目标；2. 公开招投标；3. 绩效协议和绩效声明报告的执行；4. 结果评估验收；5. 绩效评估结果的反馈	优点：步骤清晰，便于执行

资料来源：聂常虹. 新西兰政府绩效考评的理论与实践[J]. 预算管理与会计，2005(5)：14-17.

本章小结

西方国家经过多年的探索和实践，在财政支出绩效评价方面取得了宝贵的经验。本章研究美国、英国、澳大利亚等国的部门整体支出绩效评价，总结其在绩效评价主体、绩效评价指标体系以及绩效评价方法等方面的成功经验和做法。这些西方国家的绩效评价体系主要由法律制度、组织实施主体、评价对象和内容、评价指标体系、评价方式方法、评价结果应用等内容组成。各国因实际情况

不同，在绩效评价具体操作机制和方法上各有特色，既有传统经典的绩效评价方法，又有独创性的融入本国特色的绩效评价工具。此外，还收集了这些国家部门整体支出绩效评价的经典案例，通过对具体案例的分析，更深入地剖析西方国家部门整体支出绩效评价的先进经验，为我国部门整体支出绩效评价的进一步完善和发展带来一些启示。

第四章

国内发达地区部门整体支出绩效的比较研究

第一节　北京市经验借鉴与评价范例

一、北京市经验借鉴

北京市自2002年推行财政绩效评价工作以来，不断深化预算绩效改革，完善公共财政管理体系，在推动政府部门职能转变的同时，优化了社会资源配置和支出结构，提高了财政资金的使用效率。十余年来，以“绩效评价”为核心的预算绩效管理改革在北京落地开花，市级部门累计评价项目两千余个、资金达五千亿元。2015年除临时机构和涉密单位以外，全市市级部门实现了全过程预算绩效管理的全覆盖；2016年全市实现预算绩效的闭环管理；2017年全市实现重点支出项目绩效目标的全面公开。在不断的实践和探索中，北京市的预算绩效管理工作逐步从增量扩面向提质增效方向转变，并形成了具有北京特色的预算绩效管理体系。

北京市财政近年着重于调整优化财政支出结构，确保对生态环境建设等五大重点领域的支持力度。在财政支出总量上，北京市重点考虑保障疏解非首都功能、“四个中心”建设、京津冀协同发展、筹备冬奥会和冬残奥会等全市中心工作的支出需求。在财政支出重点上，财政部门趁势而上，市级统筹聚焦推动京津冀协同发展、构建高精尖经济结构、生态环境建设、加强城市管理、提高公共服务水平等五个重点领域，预算安排资金逐年增长10%左右，为首都发展提供坚实保障。

北京市格外突出“节约”原则，牢固树立“过紧日子”的思想，大力压缩一般性支出，对非刚性支出一律按不低于5%的幅度压缩，并按照只减不增原则控制

"三公"经费预算。北京市"三公"经费2018年全面直线下降，降幅最高的公务用车购置费被压缩了37.2%。"三公"经费执行中不予追加，结余不得结转下年使用；分类调整公务用车运行维护费定额标准，年底未使用完的加油卡结余资金一律收回，一系列措施为各个预算部门套上新的"紧箍咒"。2018年市级党政机关、事业单位的"三公"经费财政拨款支出预算安排8.09亿元，比2017年足足下降了12.9%。公务用车购置及运维费只安排6.2亿元，降幅达到了16%。此外，公务接待费只安排了0.37亿元，下降了1.4%；因公出国（境）费为1.52亿元，下降了0.8%。

二、北京市绩效评价范例及比较分析

表4.1　北京市部门整体支出绩效评价表

绩效评价指标设计	绩效评价指标内容	优缺点
绩效评价目标	（一）预期产出，包括提供的公共产品和服务的数量目标、质量目标、时效目标、成本目标以及服务对象满意度目标； （二）预期效果，包括经济效益、社会效益和可持续影响等； （三）服务对象或项目受益人满意程度； （四）达到预期产出所需要的成本资源； （五）衡量预期产出、预期效果和服务对象满意程度的绩效指标	优点：考虑全面，从预期产出、预期效果和服务对象满意度三方面着手
绩效评价原则	（一）科学规范原则，采用定量、定性分析相结合的方法； （二）公正公开原则，并接受监督； （三）分级分类原则； （四）绩效相关原则，反映支出和产出绩效之间的紧密对应关系	优点：原则设定准确且考虑周全
绩效评价重点	绩效评价以项目支出为重点，重点评价一定金额以上、与本部门职能密切相关、具有明显社会影响和经济影响的项目	优点：重点突出项目支出； 缺点：缺少对一般性支出的必要关注

续表

绩效评价指标设计	绩效评价指标内容	优缺点
绩效评价过程	(一) 制订年度工作计划,下达工作计划; (二) 开展自评工作; (三) 收集与审核资料; (四) 遴选专家,组建专家评价工作组; (五) 制定具体评价工作方案; (六) 现场调研和勘察; (七) 研究制定指标体系; (八) 筹备和召开专家评价会	优点:条理清晰,制订计划到资料的收集与审核再到专家评价形成一套完整体系,还进行了实地调研; 缺点:缺少人民群众对该绩效评价体系的关注和评价

资料来源:《北京市财政支出绩效评价实施细则》(京财绩效〔2013〕2772 号附件)。

第二节　上海市经验借鉴与评价范例

一、上海市经验借鉴

上海市财政局表示将按照"巩固增强、提升、畅通"的要求,通过市区联动、内外结合,在"加力提效"上狠下功夫。"加力"主要体现在实施更大规模"减税降费"和积极争取扩大政府债券发行规模上。全面落实国家更大规模的"减税降费"政策,坚持普惠性减税和结构性减税相结合,进一步加大"减税降费"力度,重点减轻制造业和小微企业税收负担;结合本市实际,在地方权限内,将车船税降到法定税率最低水平,并结合降低企业用地成本要求,下调城镇土地使用税和房产税征收标准;进一步降低企业社保缴费负担。

"提效"主要体现在政府带头过"紧日子"和提高财政资金的配置效率、使用效益上。坚持有保有压,进一步调整优化支出结构,该保的支出千方百计保,该压的支出坚决压下来,严格控制"三公"经费预算,取消低效无效支出,除重点和刚性支出外,各部门其他一般性支出一律按不低于 5%的比例压减。

上海市财政局表示,2018 年将全面实施预算绩效管理。逐步将绩效管理范围从一般公共预算拓展到政府"其他三本预算",覆盖所有财政资金,确保预算绩效管理延伸至基层单位和资金使用终端,在更高水平上推动财政资金聚力增效,切实做到"花钱必问效、无效必问责"。通过四个"注重"进一步加强财政项目支出预算绩效目标管理工作。

一是注重扩大编报范围。2019 年将进一步扩大预算绩效目标编制范围,根据市级财政项目库要求进行预算绩效目标申报,原则上对纳入财政项目库管理的项目要求全部编报预算绩效目标,基本做到预算部门财政项目支出预算绩效目标全覆盖。

二是注重优化目标格式。选择部分财政项目支出按照《上海市预算绩效管理实施办法》中所附《财政项目支出绩效目标申报表》格式分项目总体情况、绩效目标、工作程序和制度保障来进行财政项目支出绩效目标申报,进一步提高预算绩效目标申报质量。

三是注重试编整体目标。选择部分预算部门开展部门整体支出绩效目标编制试点,为今后广泛开展部门整体支出绩效评价打好基础。

四是注重加强目标评审。将通过征求意见,对民生热点项目、群众关注项目、政府重点项目及新增经常性项目和一次性项目,科学开展预算绩效目标评审工作,明确控制环节,细化工作责任,加强部门配合,有效实施预算绩效目标评审,并加强结果应用。

二、上海市绩效评价范例及比较分析

表 4.2 上海市徐汇区档案局部门整体支出绩效评价表

绩效评价指标设计	绩效评价指标内容	优缺点
绩效评价目标	主要分为部门战略规划目标的明确性与合理性、年度工作目标的明确性与合理性、年度工作计划与年度工作目标的一致性。 要求明确部门职能定位、内设机构具体职责,制定具体工作目标,开展各项工作,促进徐汇区档案方志事业健康发展	优点:考虑到部门绩效评价目标的合理合规性,将部门工作目标与部门计划执行情况紧密结合; 缺点:年度工作目标设定以定性为主、量化不足,不利于目标执行跟踪及部门考核

续表

绩效评价指标设计	绩效评价指标内容	优缺点
绩效评价方法	德尔菲法、层次分析法、民意测验法	优点：科学性与民主性相统一；缺点：群众素质局限性导致评估标准上的偏差
绩效评价过程	(一) 确认当年度部门整体支出的绩效目标； (二) 梳理部门内部管理制度及存量资源； (三) 分析确定当年度部门整体支出的评价重点； (四) 构建指标体系	优点：条理清晰，从目标设定到重点工作分析再到指标体系的建立有一整套过程方案； 缺点：过程设置过于粗糙，仅从较大方面进行分析
绩效评价报告	主要从七大方面进行汇报：部门概况、绩效目标设定、评价思路和过程、评价结论和绩效分析、主要经验做法、存在的问题、改进措施及建议	优点：从微观和宏观两方面进行报告，对本年度部门支出绩效评价进行分析、查找漏洞，提出改进措施

资料来源：《2016 年度上海市徐汇区档案局部门整体支出绩效评价报告》。

第三节　杭州市经验借鉴与评价范例

一、杭州市经验借鉴

杭州市财政支出重点围绕“三大攻坚战”“六大行动”等市委市政府重点工作展开。保障基本民生是财政的优先方向；助力打造数字经济第一城、打造一流营商环境，加快构建高质量发展的现代产业政策体系，支持实体经济、民营经济加快发展，缓解民营企业融资难融资贵，高水平打造以数字经济为核心的现代化经济体系；严控行政运行成本，严控“三公”经费、会议费和项目支出，除重点项目和刚性支出外，压减一般性支出不低于 5%。

2018年杭州市一般公共预算支出1 717.08亿元，增长11.4%。值得关注的是，杭州市财政坚持新增财力三分之二以上用于民生，全市一般公共预算用于民生方面支出1 333.15亿元，民生支出占比超过75%。其中，杭州市本级和各区县(市)共安排十件民生实事财政资金25.66亿元；投入52.2亿元推进各类教育优质均衡发展；投入72.16亿元支持完善覆盖全民、城乡统筹、权责清晰、保障适度、可持续的多层次社保体系，尤其是推进萧山、余杭、富阳三区社保一体化；投入22.92亿元用于完善医疗卫生服务优化；此外，投入5.05亿元支持加快建立多主体供给、多渠道保障、租售并举的住房制度。2018年杭州投入48.31亿元，加快“大交通”体系建设。望秋立交、文一路地下通道、秋石快速路北延、东湖快速路北延都已在年内建成通车，通过注资、直投、债券等多种形式推进的地铁、绕城高速西复线、杭黄高铁等重大交通项目，让老百姓的出行更方便了。2018年，杭州公共支付平台缴款达1 601万人次，金额203.6亿元；其中，移动支付1 522万人次，达95%，成为全省首个突破1 000万笔/年的地区。

杭州市市财政部门将继续坚持稳中求进工作总基调和新发展理念，认真学习贯彻全市经济形势分析会精神，领会“非常之时”的研判，吃透“非常之见”的内涵，把握“非常之举”的方向，严肃“非常之责”的要求，以更高的站位、更精准的举措、更创新的思维，主动对标市委市政府重大决策部署，做到决策流、业务流、资金流“三流合一”，实现“党委、政府决策部署推进到哪里，财政服务保障就跟进到哪里”，实施好更有效的积极财政政策，在扩大内需和结构调整上发挥更大作用，全力支持配合其他领域体制机制改革，对重点领域、关键环节和民生投入发挥更多支出效益，形成“同心同向、同频共振”的强大合力，统筹推动全市经济社会向更高质量跃进。要全面实施预算绩效管理。研究出台全面实施预算绩效管理的意见，建立健全预算安排与绩效目标、资金使用效果挂钩的激励约束机制，积极开展地方财政运行综合绩效评价和部门整体绩效评价，开展支出预算事前绩效评估，继续推进重点项目绩效目标跟踪监控和事后评价。

二、杭州市绩效评价范例及比较分析

表 4.3　杭州市部门整体支出绩效评价表

绩效评价指标设计	绩效评价指标内容	优缺点
绩效评价重点	先以项目支出绩效评价为重点,全面推进我市财政项目支出绩效评价工作。有条件的地方和部门可逐步推进单位财政支出整体绩效评价(包括基本支出评价),积极探索部门(单位)财政支出绩效评价工作	优点:由点及面,从项目评价着手到对整体支出评价;缺点:缺少对部门整体支出的关注
绩效评价原则	统一组织、分级实施、由点及面、稳步推进	优点:原则设定准确且考虑周全
绩效评价方法	(一) 目标比较法;(二) 成本效益法;(三) 综合指数法;(四) 因素分析法;(五) 历史比较法;(六) 横向比较法;(七) 专家评议法;(八) 问卷调查法;(九) 询问查证法	优点:考虑全面,通过计算、比较、调查、评议等方法全面评价
绩效评价过程	(一) 确定评价对象;(二) 成立评价工作组;(三) 下达评价通知;(四) 资料审核;(五) 现场和非现场评价;(六) 综合评价;(七) 撰写报告;(八) 提交报告;(九) 结果反馈	优点:条理清晰,从确定评价对象到通知、审核、评价、提交报告到反馈结果形成一套完整体系;缺点:缺少人民群众对该绩效评价体系的关注和评价

资料来源:《杭州市财政支出绩效评价实施意见》(杭财绩效〔2007〕1294 号)。

第四节　广东省经验借鉴与评价范例

一、广东省经验借鉴

近年来,广东省不断强化绩效目标管理的龙头作用,推动绩效目标与预算管理同步布置、同步申报、同步审核、同步批复、同步公开，实现预算绩效管理进一步提质增效。

（一）扩大管理范围

将所有申请进入省级财政资金项目库的事业发展性支出项目、部门运转类支出中 500 万元以上（含 500 万元）的项目支出、省级财政专项资金使用总体计划、转移支付资金、部门整体支出均纳入省级预算绩效目标申报审核范围，由省财政部门在预算编制前进行统一布置，绩效目标管理基本实现了对一般公共预算各类型支出的全面覆盖。

（二）设置数字指标

业务主管部门根据申报项目特点和属性，除从广东省财政预算绩效管理指标库中选取适用的共性指标和个性指标外，还从指标库中选取指标出处（依据）、指标标准值、历史指标值、数据来源等信息项，科学设置数字指标，确保绩效目标的量化可测。绩效指标逐步从定性信息向定量数据转变，实现了指标数据的可衡量、可分析、可比较。目前，广东省财政预算绩效管理指标库已初步收集了 20 类 266 项资金用途，2 000 多个绩效指标，包含共性指标 50 个、个性化指标 1 900 多个和备选指标 700 多个，并不断完善和拓展。

（三）创新审核模式

通过采用“业务部门绩效自审＋第三方初审＋财政部门复审”的方式，对列入年度预算项目的绩效目标进行三家联审。在业务主管部门申报和自审的基础上，通过规范程序择优委托 3 家第三方专业机构对部门进行辅导和初审；在此基础上，由财政部门对初审项目进行复审，重点审核资金量大、安排周期长、影响面广的重点项目，审核的质量和效率得到显著提高。

（四）细化审核标准

针对列入目标申报范围的一、二级项目和部门整体支出，分类制定了《广东省省级部门预算绩效目标审核指标表》，围绕“合规性、完整性、相关性、可行性、合理性”，建立了包括 5 个一级指标、12 个二级指标的审核指标体系，明确了具体审核标准，由受托的第三方机构和财政部门对照审核指标评分和出具审核意见。

(五) 强化结果应用

绩效目标设置作为项目入库的资格条件,对未申报绩效目标的项目,不得进入项目库;绩效目标审核结果作为预算安排的重要依据,对未通过审核的项目,原则上不列入预算安排;绩效目标管理情况随同预算项目一并提交省人大参阅,并与预算同步批复、同步下达、同步公开。

二、广东省绩效评价相关范例及比较分析

表 4.4　广东省国土资源厅部门整体支出绩效评价表

绩效评价指标设计	绩效评价指标内容	优缺点
绩效评价目标	认真贯彻落实省委、省政府和国土资源部、国家测绘地理信息局年度工作部署,将五大发展理念贯穿国土资源管理工作全局,以供给侧结构性改革为引领,积极服务稳增长、调结构、惠民生,全力促进去产能、去库存、降成本、补短板、防风险,全面推进新常态下国土资源管理的各项工作,为我省经济持续健康发展与社会和谐稳定提供有力支撑和保障	优点:有针对性地对部门年度工作目标进行规划,在理论支持、制度支撑的条件下,迎合国家相关规定,做出有利于广东省、有利于国家的目标; 缺点:年度工作目标设定太具广泛性,目标设置不够细化
绩效评价方法	主要采用目标预定与实施效果比较法,评价指标分析主要采用定量指标分析,并辅以部分定性分析	优点:目标与实施效果相结合,定性与定量相结合,具有科学性; 缺点:缺少民主性
绩效评价过程	(一) 前期准备:印发绩效评价工作文件;组织有关技术人员和专家成立绩效评价小组,编制具体的绩效评价工作实施方案;研究既定的绩效评价指标体系。(二) 材料审核分析。(三) 现场核查评价,听取国土厅或预算单位对部门履职效能和部门支出情况的汇报,查阅年度预算安排、预算追加、资金管理、经费支出、资产管理等相关文件资料和财务凭证,对年度部门整体支出数据的准确性、真实性进行核实。(四) 综合分析评价。(五) 评价报告征求意见。(六) 出具评价报告	优点:条理清晰,建立前期准备阶段到中间审核分析评价到最后形成报告一套完整过程方案; 缺点:缺少对民意调查以及第三方观点评价

续表

绩效评价指标设计	绩效评价指标内容	优缺点
绩效评价报告	主要从六个方面进行汇报：部门基本情况、部门整体支出使用情况、部门评价分析及结果、主要成绩、存在的问题、改进措施及建议	优点：通过对部门整体支出使用情况的调查，对本年度部门支出绩效评价进行分析、查找漏洞，提出改进措施

资料来源：《广东省国土资源厅2016年部门整体支出绩效评价报告》。

第五节 江苏省经验借鉴与评价范例

一、江苏省经验借鉴

根据《中共江苏省委 江苏省人民政府关于全面实施预算绩效管理的实施意见》，江苏省为实现"全方位、全过程、全覆盖"的全面预算绩效管理将开展高质量的工作。

全面实施预算绩效管理工作坚持以习近平新时代中国特色社会主义思想为指导，坚持和加强党的全面领导，按照高质量发展的要求，紧紧围绕统筹推进"五位一体"总体布局和协调推进"四个全面"战略布局，坚持以供给侧结构性改革为主线，创新预算管理方式，实现预算和绩效管理一体化，着力提高财政资源配置效率和使用效益，改变预算资金分配的固化格局。坚持总体设计，统筹兼顾；坚持全面推进，突出重点；坚持问题导向，提高实效；坚持科学规范，公开透明；坚持权责对等，约束有力的五大原则。不仅将各级政府收支预算全面纳入绩效管理，还将纳入部门和单位预算收支、政策和项目预算支出。从运行成本、管理效率、履职效能、社会效应、可持续发展能力和服务对象满意度等方面，衡量部门和单位整体及核心业务实施效果，推动提高部门和单位整体绩效水平。

建立全过程预算绩效管理链条：第一，建立绩效评估机制。建立重大政策和项目事前绩效评估机制，进一步推动绩效管理关口前移，促进管理理念由预算绩效向绩效预算转变。第二，强化绩效目标管理。建立以绩效目标为先导的预算编制模式，将预期绩效作为预算资金分配中的基础性依据。绩效目标不仅要包括产出、成本，还要包括经济效益、社会效益、生态效益、可持续影响和服务对象满意度等绩效指标。第三，要做好绩效运行监控。各级政府和各部门各单位对绩效目标实现程度和预算执行进度实行“双监控”，发现问题及时纠正，确保绩效目标如期保质保量实现。第四，开展绩效评价工作。通过自评和外部评价相结合的方式，对预算执行情况开展绩效评价。逐步开展部门整体绩效评价，重点关注部门的预算执行效率及职能履行效果等，必要时可以引入第三方机构参与绩效评价。第五，要加强绩效管理成果应用，对绩效好的政策和项目原则上优先保障，对绩效一般的政策和项目要督促改进，对交叉重复、碎片化的政策和项目予以调整，对低效无效资金一律削减或取消。

江苏省预计到2022年底将基本建成全方位、全过程、全覆盖的预算绩效管理体系。

二、江苏省绩效评价相关范例及比较分析

表4.5　江苏省预算绩效管理表

绩效评价指标设计	绩效评价指标内容	优缺点
绩效评价方法	创新评估评价方法，立足多维视角和多元数据，依托大数据分析技术，运用成本效益分析法、比较法、因素分析法、公众评判法、标杆管理法等，提高绩效评估评价结果的客观性和准确性	优点：评价方法多样化，科学性与民主性相结合
绩效目标管理	绩效目标不仅要包括产出、成本，还要包括经济效益、社会效益、生态效益、可持续影响和服务对象满意度等绩效指标	优点：从投入、产出、效益等方面综合设定绩效目标； 缺点：缺少对过程目标的细化设置

续表

绩效评价指标设计	绩效评价指标内容	优缺点
绩效管理过程	将政策和项目全面纳入绩效管理，从数量、质量、时效、成本、效益等方面，综合衡量政策和项目预算资金使用效果。 各级政府和各部门各单位对绩效目标实现程度和预算执行进度实行“双监控”，发现问题及时纠正，确保绩效目标如期保质保量实现。 建立专家咨询机制，引导和规范第三方机构参与预算绩效管理，加快预算绩效管理信息化建设，逐步实现预算绩效管理工作网络化、信息化	优点：综合评价、实时监控，引导第三方机构参与绩效管理全过程
绩效管理体系	(一) 建立一般公共预算绩效管理体系支出方面，要重点关注预算资金配置效率、使用效益，特别是重大政策和项目实施效果，其中转移支付资金的预算绩效管理要符合财政事权和支出责任划分的规定，重点关注地区间财力协调和区域均衡发展； (二) 建立其他政府预算绩效管理体系，除一般公共预算外，各级政府还要将政府性基金预算、国有资本经营预算、社会保险基金预算全部纳入绩效管理，加强四本预算之间的衔接； (三) 建立其他各类资金预算绩效管理体系，积极开展涉及一般公共预算等财政资金的政府投资基金、主权财富基金、政府和社会资本合作(PPP)、政府采购、政府购买服务、政府债务项目绩效管理	优点：体系结构完整，一般性和重点相结合，国有资本和地方财政相链接，政府资金与社会资本相关联； 缺点：过于广泛，体系内容不够深入和细致

资料来源：《中共江苏省委 江苏省人民政府关于全面实施预算绩效管理的实施意见》(苏发〔2019〕6 号)。

本章小结

本章主要叙述了国内发达地区的部门整体支出基本情况和侧重点，以及通过各省各市发布的部门整体支出绩效评价方法实施意见或地方部门年度整体支出绩效评价报告，概括出各发达地区部门整体支出绩效评价指标体系内容，并指出指标体系内容设定的优缺点。

以五大发达地区——北京市、上海市、杭州市、广东省以及江苏省为例，北京市预算支出更加侧重于调整优化财政支出结构，格外突出“节约”原则；上海市预算支出着重于提高财政资金的配置效率、使用效益；杭州市保障基本民生是预算支出的优先方向；广东省预算支出更倾向于事业发展性支出项目、部门运转类支出中项目支出、转移支付资金等；江苏省委下发的《关于全面实施预算绩效管理的实施意见》，指出如何建立“全方位、全过程、全覆盖”的预算绩效管理体系。

通过对国内发达地区关于部门支出、预算管理的经验研究，找出其共性特征，据此建立部门整体支出绩效评价体系共性指标。

第五章

政府部门财政整体支出绩效评价流程与优化研究

第一节　政府部门财政整体支出绩效评价流程

政府部门财政整体支出绩效评价是一个科学、系统的有机整体，由各个相互联系的环节衔接而成，主要包括拟订实施计划、评价指标体系设计、评价方法的选定、绩效评价和撰写评价报告五个部分，一般遵循如下评价流程（图 5.1）。

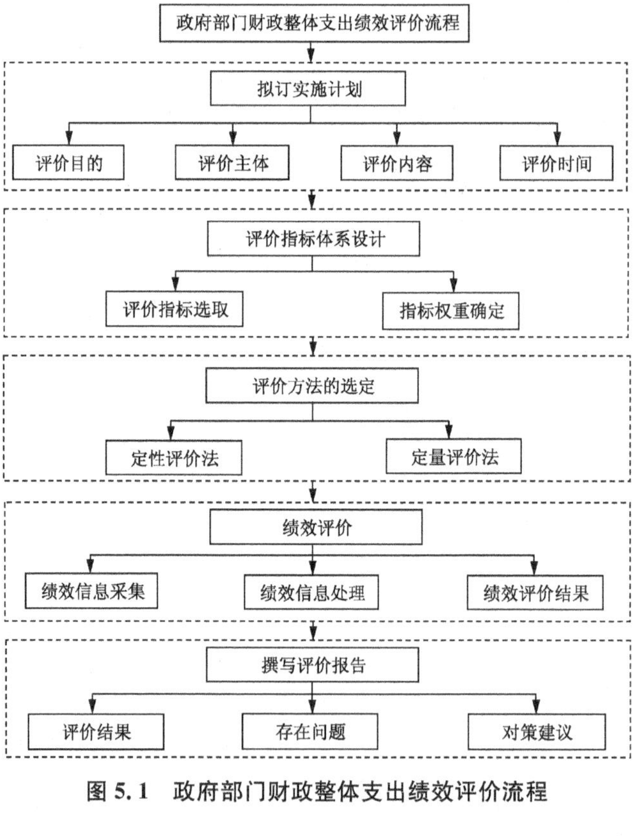

图 5.1　政府部门财政整体支出绩效评价流程

一、拟订实施计划

政府部门财政整体支出绩效评价是一项系统工程，为保证绩效评价顺利展开，评价前需要在周密调查研究和论证的基础上拟订评价实施计划。计划所包含的主要内容可以概括为“4W”，也就是明确目的，即回答为什么要评价（Why）；明确评价主体，即回答谁去评价（Who）；明确评价的对象和内容，即回答评价什么（What）；明确评价时间（When），即确定展开绩效评价工作的时间节点。

二、评价指标体系设计

评价指标是根据绩效评价工作的有关要求，按照一定的原则和标准，为衡量绩效水平而形成的一个评价工具，它是衡量财政支出绩效的标杆。评价指标体系是绩效评价的核心，是绩效评价目标的具体化，它的科学性和合理性决定了评价活动的质量和公信力。政府部门财政整体支出的内容多样，目标多元，决定了评价指标体系的复杂性。

评价指标是绩效评价工作的有力工具。绩效这一概念较为抽象，仅用文字进行表述必定流于主观。要使政府部门财政整体支出的绩效具备可比性，必须以量化的指标进行衡量。评价指标对政府部门财政整体支出绩效管理具有明显的导向作用。从绩效管理角度来说，绩效评价指标可以视为其目标，能引导管理行为的指向。它通过引导管理和使用单位的工作方向来提高其绩效水平。如果评价指标欠缺科学性、合理性，将导致管理工作南辕北辙，影响预定绩效目标的达成。

评价指标作为衡量政府部门财政整体支出绩效的工具，必须具有稳定性和权威性，这样才能有效抑制评价主体指标选取的随意性，有力保证有关工作的公平公正。法制化，则是保证评价指标稳定性和权威性的最有力措施。

政府部门财政整体支出绩效评价的科学性很大程度上取决于评价指标体系的科学合理。科学的绩效评价指标体系需要遵循系统性、可操作性、可比性等原则加以设计。评价指标体系的设计应注意将不同指标进行有机结合：一是主客观指标的结合;二是数量、质量指标的结合;三是内外部指标的结合;四是正向负向指标的结合;五是行政成本指标与业务成本指标相结合;六是工作指标与业绩指标相结合;七是个体、团体指标相结合;八是技术指标与民主指标相结合。

没有重点的绩效评价不能算是客观的评价,因此应赋予评价指标权重。指标权重表示的是对某一指标在指标体系中重要程度的定量分配。权重越大,该指标越重要,在其他指标不变的情况下,对评价结果的影响就越大。指标体系包含多层级、多个指标,每一层级、每一指标都被赋予了相应权重。这样就形成了与评价指标对应的指标权重。

指标权重的功能主要体现在以下两个方面:一是指标权重体现了评价主体的意志。评价主体对每个评价指标的重视程度并非是等同的,评价指标有轻重缓急之分。越是受重视的指标,其权重自然就越大,反之亦然。评价主体对评价指标重要性的认识通过指标权重反映出来,直接影响绩效评价的结果。二是指标权重具有调节功能。政府部门财政整体支出的绩效水平受经济政策、财政体制、法律环境、公众满意度等各种因素不同程度的影响。通过对不同评价指标赋予不同的权重,可以对指标的贡献力进行有效调节,进而客观地反映评价客体的真实绩效水平。

指标权重的设计关系到评价指标体系的科学合理性,在设计指标权重时,应遵循以下原则:一是系统优化原则。指标体系中的每个评价指标都有其存在的合理性,每一个指标权重的赋予,都会对其他指标的权重产生影响。因此,在设计指标权重时,不能从单个指标出发,而要从整体上进行考虑,遵循系统优化的原则协调好各个评价指标之间的关系,努力做到整体优化。鉴于此,在设计指标权重时,需要分析、比较、权衡各个评价指标的重要性,既不能平均分配权重,也不能片面强调某些评价指标的重要性。二是评价主体主观意图与客观实际相融合原则。评价主体不可避免地会把自身的主观意图反映在指标权重中,以对政府部门财政整体支出的管理和使用行为进行引导。但评价主体的主观意图难免存在偏差,并非总是符合客观实际,以至于影响了指标权重的科学性、客观性。所以,在指标权重的确定过程中,一定要注意主观意图与客观实际的平衡。三是个人意志与集体意见相结合原则。指标权重是设计者的定性判断的量化，易受价值观、教育背景、行业经历、工作态度等主客观因素的影响，具有明显的个体差异性。这就决定了指标权重的设计需要通过德尔菲法等专业方法进行群体决策。

评价指标和对应指标权重共同构成了政府部门财政整体支出绩效评价的指标体系，这是整个评价流程的核心内容，为后续政府部门财政整体支出绩效评价的实施奠定了基础。

三、评价方法的选定

确定指标体系后，需要选择与之对应的评价技术方法。总的来说，绩效评价的方法分为定性和定量两种。定性的评价方法一般以调查问卷为载体，采用主观评分的方法，对那些不具有量化数据特征的绩效指标进行量化的分数评价。定量的评价方法一般运用应用数学、统计学等学科技能，对政府部门财政整体支出的绩效进行统计分析，用数字来评价具体指标的绩效水平。其主要方法有成分分析法、数据包络分析法、模糊数学分析法等。需要注意的是，实践证明即使是基于同样的评价数据和指标，采用的评价方法不同，得出的绩效结果也可能会有明显差异。因此，选择评价方法时一定要注意与评价指标体系的适配性。

四、绩效评价

首先，要对评价对象的绩效信息进行采集，绩效信息的质量直接影响绩效评价的质量。官方公布的统计年鉴、统计公报、研究机构的研究成果与调查报告是绩效信息的主要来源。收集绩效信息的方法主要有访谈法、实地调研法和问卷调查法等。对绩效信息的收集来说，必须有针对性地立足绩效评价目的和评价指标体系有序展开，及时甄别、剔除无效信息，以免信息混乱和信息污染。在信息处理过程中，要严守中立，不能将处理者的主观意志施加到绩效信息上，严禁为了得到一定的绩效评价结果而篡改、伪造绩效信息。得到可靠并处理完善的绩效信息后，便可以根据之前确定的指标体系和评价方法对政府部门财政整体支出绩效进行评价，最终得出绩效评价结果。

五、撰写评价报告

绩效评价报告应以中立、客观的态度说明以下主要内容：一是简要说明绩效评价的背景、目的及依据；二是阐述绩效评价技术体系及评价过程；三是分析绩效评价结果，总结经验得失，分析问题存在的原因，并提出具有针对性的对策建议。

第二节　政府部门财政整体支出绩效的管理优化研究

21世纪以来，伴随着我国经济的快速增长，政府部门支出规模不断扩大。正是基于这样的背景，政府部门财政整体支出绩效管理受到各级政府部门的高度重视。全面实施政府部门支出绩效管理是推进国家治理体系和治理能力现代化的内在要求，是深化财税体制改革、建立现代财政制度的重要内容，是优化财政资源配置、提升公共服务质量的关键举措。为深入贯彻落实党的十九大关于“全面实施绩效管理”的战略部署和《中共中央 国务院关于全面实施预算绩效管理的意见》精神，加快建成全方位、全过程、全覆盖的政府部门支出绩效评价管理体系，着力提高政府部门支出资金的配置效率和使用效益，改变资金分配的固化格局，提高政府部门资金的管理水平和政策实施效果，为经济社会持续健康发展提供有力保障。对于政府部门支出资金在事前、事中及事后提出管理优化的方法。

一、事前部门整体支出绩效的管理优化

1. 政府部门财政整体支出分配理念要转变。一方面，转变过去“按需分配”

的观念，打破过去部门支出“谁要钱，以什么理由要钱都得安排”的格局，树立“按绩效分配”的观念。即在资金预算管理环节，根据各项目申请资金的绩效进行管理，谁的绩效高就分配给谁，遏制乱要钱、乱花钱的不良风气，通过项目优先顺序的排序，保障政府部门支出的高效性。另一方面，政府部门支出事前资金分配，应该既聚焦解决当前最紧迫问题，又着眼健全长效机制；既关注预算资金的直接产出和效果，又关注宏观政策目标的实现程度；既关注新出台政策、项目的科学性和精准度，又兼顾延续政策、项目的必要性和有效性。

2. 政府部门财政整体支出分配权力要改变。政府部门应勇于放弃资金分配上的“自由裁量权”，将权力交给专家，并且严格按流程规则办事。权力的主动放弃，对于政府部门来说本身就是一种挑战，没有一定的勇气和胆识是很难做到的。政府部门领导应勇于摒弃过去依靠个人喜好、凭关系分配支出的方式和习惯，以改革超前的意识，促进政府部门资金支出的程序化、规则化、科学化和制度化。

3. 政府部门财政整体支出分配项目要突出重点。目前，对一些重要项目支出不够突出、不够稳定。一方面，当前中国正处于经济转型的关键时期，基于国内外政府绩效评价的理论和经验启示，立足于转型进程中“稳增长，促民生，努力建设服务型政府”的总体目标要求，政府部门财政整体支出分配项目应注重教育、社会保障、劳动就业、医疗卫生、住房、政府工作透明度等多个方面。另一方面，政府部门支出项目的立项要结合预算评审、项目审批等，对新出台重大政策、项目开展事前绩效评价，重点论证立项的必要性、投入的经济性、绩效目标的合理性、实施方案的可行性、筹资的合规性及执行的风险性等。要聚焦提升覆盖面广、关注度高、持续时间长的重大政策、项目的实施效果(图 5.2)。

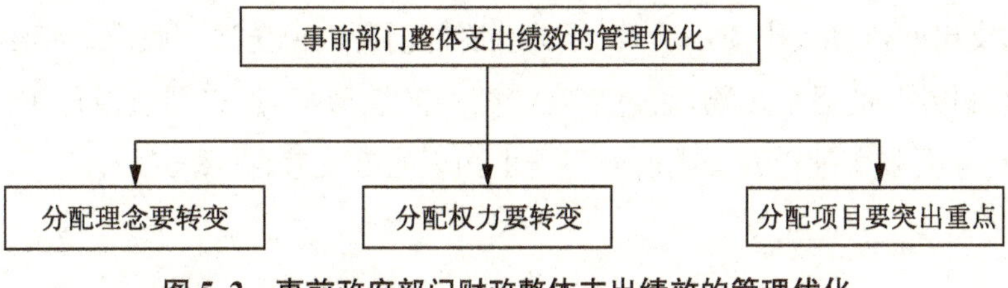

图 5.2　事前政府部门财政整体支出绩效的管理优化

二、事中部门整体支出绩效的管理优化

1. 完善政府部门支出事中绩效信息披露和回访制度。目前，政府部门资金支出大部分没有实行公开透明的信息披露，存在信息不对称问题。在政府部门支出绩效管理中发现的问题和建议要及时反馈给政府部门，并督促整改意见的落实，强化绩效评价工作的约束性。尤其对政府部门资金使用较差的单位，政府部门要进行回访，了解情况，破解难题，推动部门的工作，改进工作方式和方法。

2. 政府部门支出事中需建立定期反馈评估结果制度。一方面可以使政府实时掌握部门支出效率情况，另一方面对于不理想结果的反馈，政府可以及时发现问题并结合理论和实际情况来解决问题，最终促使政府部门支出由"拍脑袋"式的决策转向务实、有效的科学决策，进而达到提高财政支出效率的目的。政府部门支出事中绩效评估要从数量、质量、实效、成本、效益等方面，综合衡量政策和项目预算资金使用效果。对实施期超过一年的重大政策和项目实行全周期跟踪问效，实施过程中进行绩效运行动态监控。全面梳理现有政策、项目，加大整合力度，建立动态评价调整机制，政策到期、绩效低下的政策和项目要及时清理退出。

3. 政府部门支出事中需建立健全社会民主监督制度。通常，政府部门支出信息非常庞杂，大部分信息与普通公众并非直接相关，加上大部分公众搭便车的心理，社会公众对政府部门支出公开参与度与热情不足和参与能力不高问题并存。因此，政府部门支出既要提升社会公众的政府部门支出信息公开认知度和参与度，积极引导并加强政府部门支出信息的民主监督力量，又要主动向同级人大报告、向社会公开，自觉接受人大和社会各界监督。为提高社会公众参与到政府部门支出并监督支出使用绩效，相关政府部门可以模仿法国政府每年出版《预算法公民指南》的通俗读物，通过直观清晰的问答形式，配以图表及简单的说明文字，对社会公众进行有关政府部门支出知识的普及教育(图 5.3)。

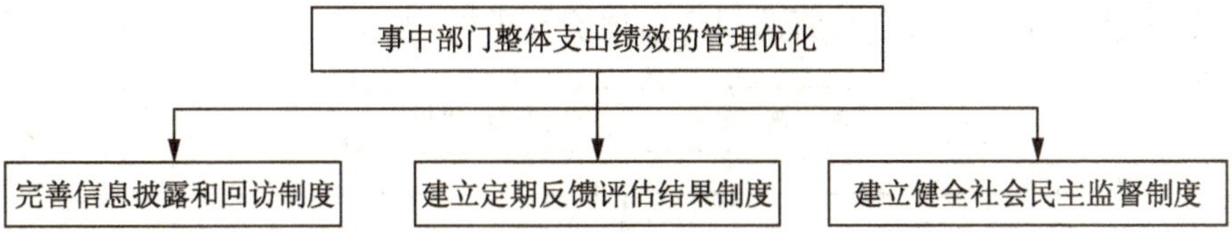

图 5.3　事中政府部门财政整体支出绩效的管理优化

三、事后部门整体支出绩效的管理优化

1. 政府部门财政整体支出绩效评价结果应具有实效性。一方面，对过去部门整体支出绩效评价所得到的结论，是可以作为未来同类项目绩效规划依据的，因为任何领域的发生发展都有规律性。绩效评价的历史数据是未来政府部门支出成本和效率的一个重要判据，也是未来各项部门支出决策的依据。另一方面，提高政府部门支出绩效管理成果应用力度，将绩效评价结果与新政策和项目的设立挂钩，将绩效目标与预算编制挂钩，将绩效运行监控情况与财政资金执行调整挂钩，将绩效评价结果与预算安排和政策调整挂钩，将部门整体与部门预算安排挂钩等。

2. 政府部门支出事后需建立健全过错责任追究制度。按照“谁决策、谁负责”的原则，任何部门失职或渎职的违法行为都应当承担相应的法律责任，做到“支出要有效，无效必问责”。明确过错责任追究范围、追究程序、追究方式等。建立支出过程可倒查、效益可查询、责任可追究的追溯机制。对于存在严重问题的政策、项目，要及时调整、暂缓或停止资金拨付，督促部门和单位整改落实。

3. 完善政府部门财政整体支出第三方绩效评价主体制度。评价主体外部化或者说第三方评价为政府部门支出绩效评价的必然要求。一方面，现阶段我国有能力承担政府及相关部门的整体支出绩效评价的机构数量为数不多。国家及各级政府要进一步加强制度规范，避免目前在第三方绩效评价中第三方评价工作受到政府部门牵制和干扰，进而影响其独立性。另一方面，对于第三方评价机构自身也提出了要求，政府部门支出绩效评价是一项复杂综合的工作，政府部门支出涉及的范围广、综合性强，第三方评价机构要使自身在人员配置、能力素养、操作能力等方面符合政府部门支出评价要求(图5.4)。

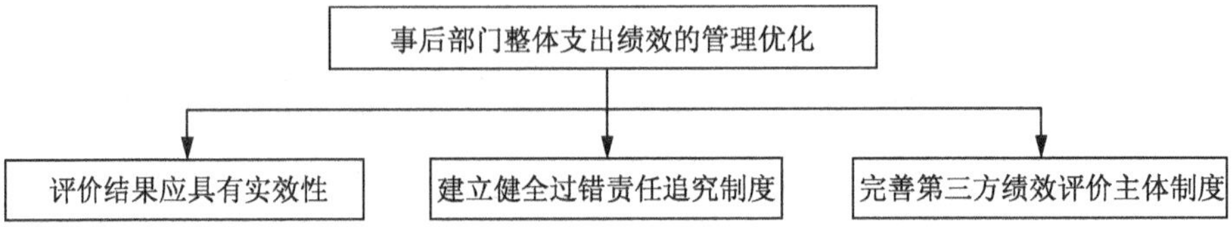

图5.4 事后政府部门财政整体支出绩效的管理优化

四、全过程部门整体支出绩效的管理优化

绩效是效率、有效和效益的统称,包括相应行为过程和所产生的结果两方面。从其行为过程来看,包括支出的合理性、经济性等;从其结果来看,包括支出与产出的匹配性和有效性,结果是否达到预期目标。目前,对于政府部门支出绩效评价过于关注结果的绩效评价,缺乏贯穿于立项、执行和验收各个环节的制度安排。倘若建立起全过程政府部门财政整体支出绩效评价制度,可以有效应对由于信息不完全、变化了的外部和内部条件,及时纠错、规范政府部门支出,有效减少政府部门资金的浪费。针对政府部门支出绩效评价全过程,提出如下的优化结构(图5.5)。

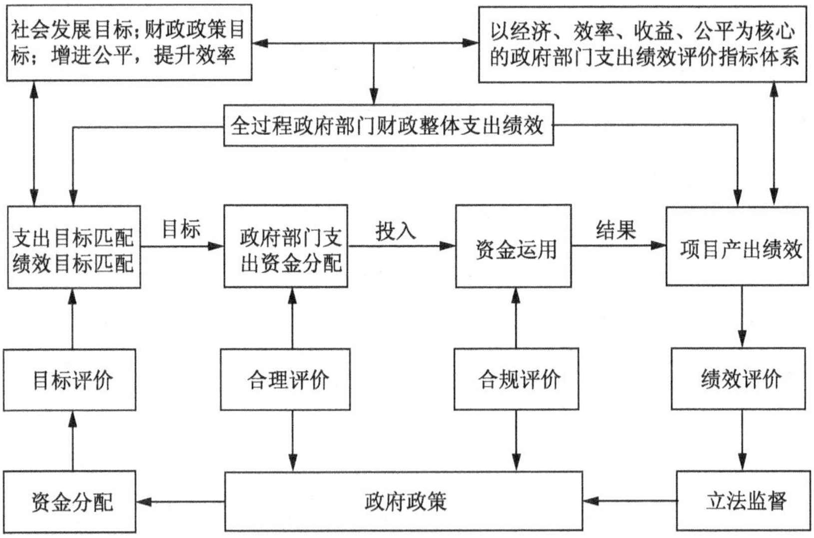

图5.5 全过程政府部门财政整体支出绩效的管理优化

本章小结

本章是对政府部门财政整体支出绩效评价宏观层面的把控，分为两个部分：第一部分为政府部门支出绩效评价的总体框架，包含前期准备环节、组织实施环节及分析评价环节。第二部分是对政府部门支出绩效的管理优化研究，包含事前政府部门支出的管理优化、事中政府部门支出的管理优化、事后政府部门支出的管理优化及全过程政府部门支出的管理优化。本章的研究有助于政府相关部门在政府资金支出方面更加科学和高效，提高政府部门资金的管理水平和政策实施效果，为经济社会持续健康发展提供有力保障。

第六章

政府部门财政整体支出绩效评价方法

第一节 德尔菲法(Delphi Method)

一、方法释义

德尔菲法(Delphi Method)也称专家调查法,1946年由美国兰德公司创始实行。该方法是由部门组成一个专门的预测机构,其中包括若干专家和部门预测组织者,按照规定的程序,不记名地征询专家对未来市场的意见或者判断,然后进行预测的方法。

二、方法特点

德尔菲法作为一种主观、定性的方法,不仅可以用于预测领域,而且可以广泛应用于各种评价指标体系的建立和具体指标的确定过程。

三、实施内容

1. 确定调查题目,拟定调查提纲,准备向专家提供的资料(包括预测目的、期限、调查表以及填写方法等)。

2. 组成专家小组。按照课题所需要的知识范围,确定专家。专家人数的多少,可根据预测课题的大小和涉及面的宽窄而定,一般不超过20人。

3. 向所有专家提出所要预测的问题及有关要求,并附上有关这个问题的所有背景材料,同时请专家提出还需要什么材料,然后由专家做书面答复。

4. 各个专家根据他们所收到的材料,提出自己的预测意见,并说明自己是怎样利用这些材料并提出预测值的。

5. 将各位专家第一次判断意见汇总，列成图表，进行对比，再分发给各位专家，让专家比较自己同他人的不同意见，修改自己的意见和判断。也可以把各位专家的意见加以整理，或请身份更高的其他专家加以评论，然后把这些意见再分送给各位专家，以便他们参考后修改自己的意见。

6. 将所有专家的修改意见搜集起来汇总，再次分发给各位专家，以便做第二次修改。逐轮搜集意见并为专家反馈信息是德尔菲法的主要环节。搜集意见和信息反馈一般要经过三四轮。在向专家进行反馈的时候，只给出各种意见，但并不说明发表各种意见的专家的具体姓名。这一过程重复进行，直到每一个专家不再改变自己的意见为止。

7. 对专家的意见进行综合处理。充分发挥各位专家的作用，集思广益，把各位专家意见的分歧点表达出来，取各家之长，避各家之短。

四、实施程序

1. 团队成员发出第一份初始调查表，搜集参与者对于某一话题的观点（注：德尔菲法中的调查表与通常的调查表有所不同，通常的调查表只向被调查者提出问题，要求回答；而德尔菲法的调查表不仅提出问题，还兼有向被调查者提供信息的责任，它是团队成员交流思想的工具）。

2. 向团队成员发出第二份调查表（列有其他人意见），要求其根据几个具体标准对其他人的观点进行评估。

3. 向团队成员发出第三份调查表（列有第二份调查表提供的评价结果、平均评价、所有共识），要求其修改自己原先的观点或评价。

4. 总结出第四份调查表（包括所有评价、共识和遗留问题），由组织者对其综合处理。

德尔菲法的具体实施步骤见图 6.1。

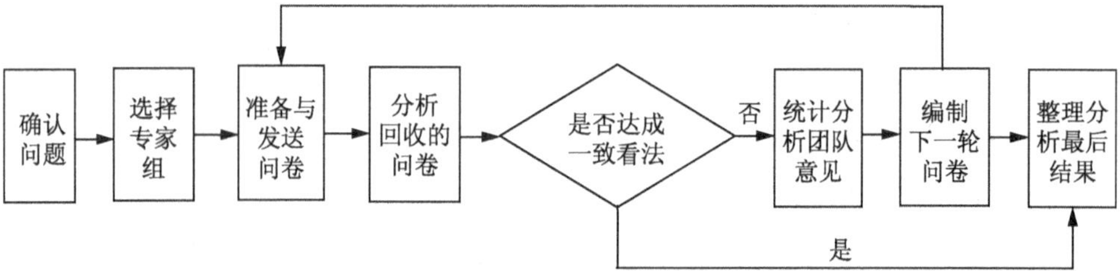

图 6.1　德尔菲法的具体实施步骤

德尔菲法在评价流程中的具体应用环节见图 6.2。

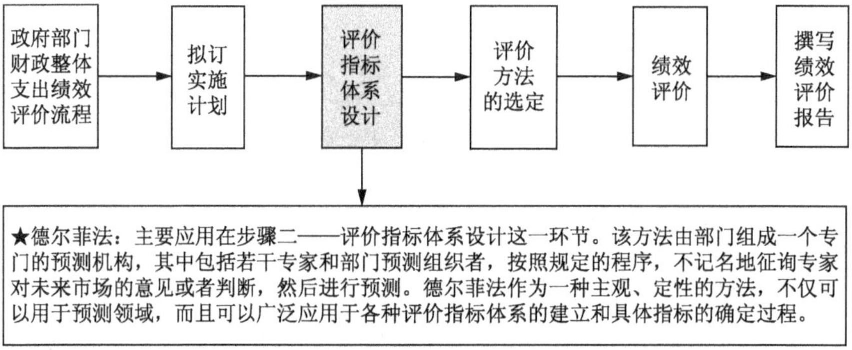

图 6.2　德尔菲法在评价流程中的具体应用环节

第二节　网络层次分析法(ANP)

一、方法释义

网络层次分析法(The Analytic Network Process，下文简称 ANP)是由层次分析法(The Analytic Hierarchy Process，下文简称 AHP)发展而来的科学决策方法。

二、方法特点

相较于 AHP,ANP 既考虑到了网络间的递阶层次结构,还考虑到了各指标之间的相互影响及制约关系,因此,ANP 能够更为真实地描述和刻画复杂决策问题。在网络层次分析法中,整个决策系统被分为控制层和网络层两个部分。控制层中决策准则相互独立,是典型的 AHP 递阶层次结构,因此,每个决策准则的权重可通过传统的 AHP 方法获取。网络层中不同元素之间相互影响、相互耦合,形成了相互作用的网络结构。控制层和网络层组成典型 ANP 层次结构。

三、实施内容

ANP 将系统元素划分为两大部分:

第一部分为控制因素层,包括问题目标及决策准则。所有的决策准则均被认为是彼此独立的,且只受目标元素支配。控制因素中可以没有决策准则,但至少有一个目标。控制层中每个准则的权重均可用 AHP 方法获得。

第二部分为网络层,它是由所有受控制层支配的元素组成的,其内部是互相影响的网络结构,元素之间互相依存、互相支配,元素和层次间内部不独立,递阶层次结构中每个准则支配的不是一个简单的内部独立的元素,而是一个互相依存、反馈的网络结构。

四、实施程序

1. 构建 ANP 的典型结构。ANP 典型结构的构建,首先需要构建控制层,界定决策目标以及决策准则。在此基础上,利用 AHP 的方法计算各个决策准则相对于决策目标的权重。然后分析每个元素集中元素之间的相互作用,并构建出网络层次。

2. 构建用以计算权重的 ANP 的超矩阵。令控制层中对应于目标层 G 的准则分别为 $R_1,R_2,\cdots,R_N$,网络层中存在元素集 $E_1,E_2,\cdots,E_N$,其中元素集 E_i 中有元素$E_{i1},E_{i2},\cdots,E_{in},i=1,2,\cdots,N$。以控制层中元素$R_s$为准则，元素集$E_j$中元素$E_{j1}$为次准则，对元素集$E_j$中各元素的重要度进行分析，构造判断矩阵并得到归一化特征向量$(W_{i1},W_{i2},\cdots,W_{in})^{\mathrm{T}}$，也就是网络元素排序向量。同理能够得到相较于其他元素的排序向量，进而得到一个超矩阵，将其标记为$\boldsymbol{W}_{ij}$。

$$\boldsymbol{W}_{ij}=\begin{bmatrix} W_{i1}^{(j_1)} & W_{i1}^{(j_2)} & \cdots & W_{i1}^{(jn_j)} \\ W_{i2}^{(j_1)} & W_{i2}^{(j_2)} & \cdots & W_{i2}^{(jn_j)} \\ \vdots & \vdots & \vdots & \vdots \\ W_{in_i}^{(j_1)} & W_{in_i}^{(j_2)} & \cdots & W_{in_i}^{(jn_j)} \end{bmatrix}$$

在$\boldsymbol{W}_{ij}$中，列向量所代表的为元素集E_i中元素$E_{i1},E_{i2},\cdots,E_{in}$对元素集$E_j$中元素$E_{j1},E_{j2},\cdots,E_{jn}$的重要度排序向量。若$E_i$中的元素对于$E_j$中的元素不产生影响，则$\boldsymbol{W}_{ij}=0$。因此，通过组合所有的网络层元素相互影响的排序向量就能够得到R_s准则下的超矩阵$\boldsymbol{W}$。

$$\boldsymbol{W}=\begin{bmatrix} W_{11} & W_{12} & \cdots & W_{1N} \\ W_{21} & W_{22} & \cdots & W_{2N} \\ \vdots & \vdots & \vdots & \vdots \\ W_{N1} & W_{N2} & \cdots & W_{NN} \end{bmatrix}$$

3. 构建加权超矩阵。超矩阵$\boldsymbol{W}$反映的是层次内部各元素对于某一特定准则的排序，并未考虑到其他层次对该准则的影响，因此，超矩阵$\boldsymbol{W}$中的列向量并未归一化。想要客观地刻画和描述每个元素的重要程度，还需要考虑不同层次之间的反馈等影响作用。判断R_s准则下元素$E_1,E_2,\cdots,E_N$对于准则的重要度，并按照重要度大小进行排序，能够得到一个归一化的排序列向量为$(a_{1j},\cdots,a_{nj})^{\mathrm{T}}$，得到一个加权矩阵为$\boldsymbol{A}=\begin{bmatrix} a_{11} & \cdots & a_{1N} \\ \vdots & \vdots & \vdots \\ a_{N1} & \cdots & a_{NN} \end{bmatrix}$，$a_{ij}$的取值范围为$[0,1]$且$\sum\limits_{i,j=1}^{N} a_{ij}=1$。基于上述分析，构造ANP的加权超矩阵为$\bar{\boldsymbol{W}}=a_{ij}\boldsymbol{W}_{ij}$。

4. 极限超矩阵 $\lim\limits_{k\to\infty}\boldsymbol{W}^k$。为了更好地表述不同元素之间存在的相互依存关系，在构造加权超矩阵的基础上，还需要对 $\boldsymbol{W}$ 做稳定处理，也就是计算极限相对排序向量：$\lim\limits_{k\to\infty}(1/N)\sum\limits_{k=1}^{N}\boldsymbol{W}^k$。若该极限收敛并且唯一，则 $\boldsymbol{W}^\infty$ 的第 j 列就是准则层下网络层中各元素对于元素 j 的极限相对排序，也就是各元素相对于终极目标的权重值。

ANP 的典型结构模型见图 6.3。

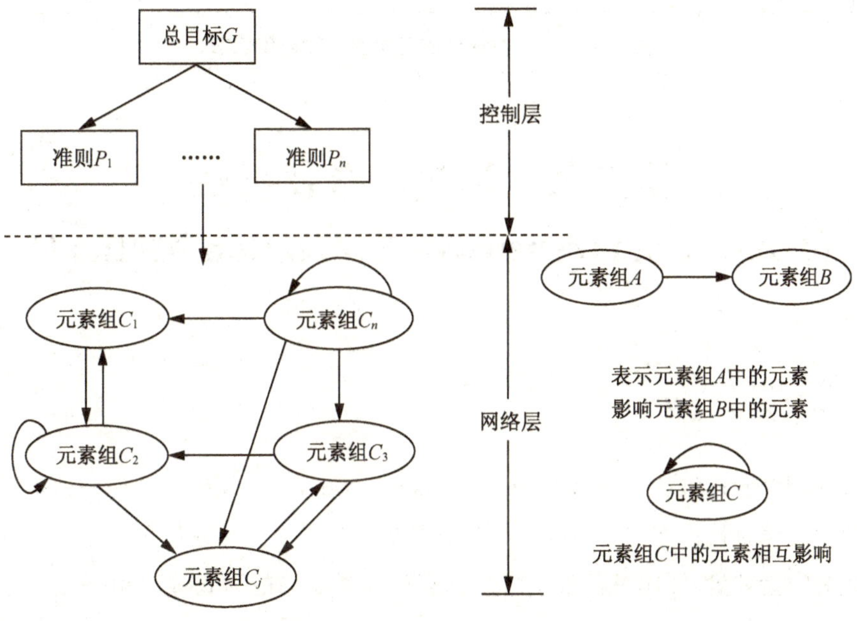

图 6.3　ANP 的典型结构模型

ANP 在评价流程中的具体应用环节见图 6.4。

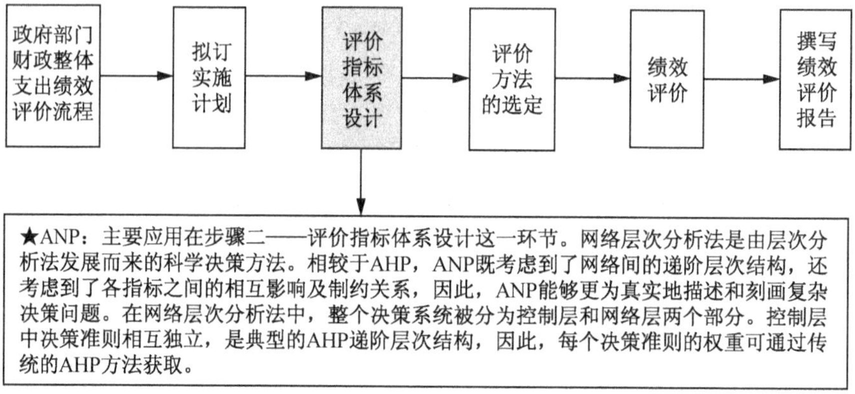

图 6.4　ANP 在评价流程中的具体应用环节

第三节　模糊综合评价法 (Fuzzy Comprehensive Evaluation Method)

一、方法释义

模糊综合评价法(Fuzzy Comprehensive Evaluation Method)是一种基于模糊数学的综合评价方法。该综合评价法根据模糊数学的隶属度理论把定性评价转化为定量评价,即用模糊数学对受到多种因素制约的事物或对象做出一个总体的评价。

模糊综合评价法具有结果清晰、系统性强的特点,能较好地解决模糊的、难以量化的问题,适用于各种非确定性问题的解决。

二、实施内容

1. 首先确定被评价对象的因素(指标)集合评(等级)集。
2. 分别确定各个因素的权重及其隶属度向量,获得模糊评判矩阵。

3. 将模糊评判矩阵与因素的权向量进行模糊运算并进行归一化，得到模糊综合评价结果。

三、实施程序

1. 模糊综合评价指标的构建。模糊综合评价指标体系是进行综合评价的基础，评价指标的选取是否适宜，将直接影响综合评价的准确性。进行评价指标的构建前，应广泛涉猎该评价指标系统行业资料或者与之相关的法律法规。

2. 构建好权重向量。通过专家经验法或者 AHP 层次分析法构建好权重向量。

3. 构建评价矩阵。建立适合的隶属函数，从而构建好评价矩阵。

4. 评价矩阵和权重的合成。采用适合的合成因子对其进行合成，并对结果向量进行解释。

模糊综合评价结构见图 6.5。

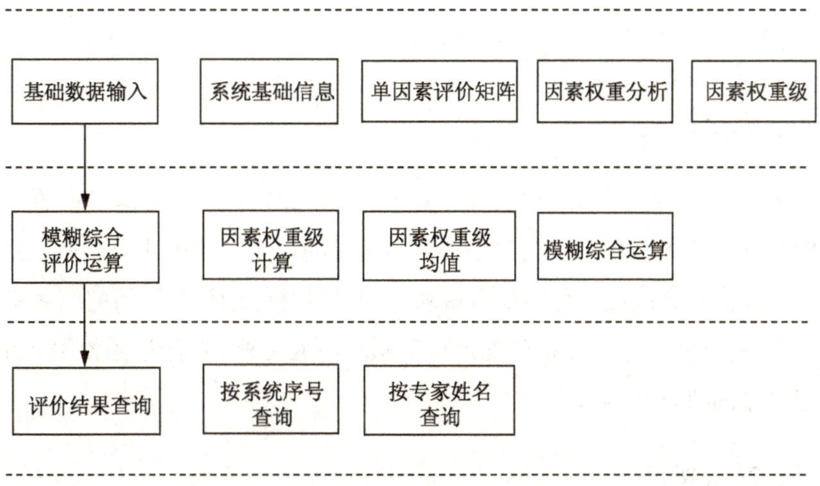

图 6.5 模糊综合评价结构

模糊综合评价法在评价流程中的具体应用环节见图 6.6。

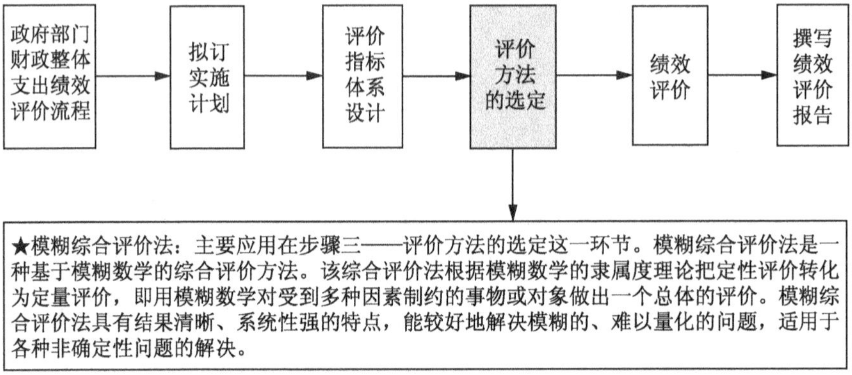

图 6.6　模糊综合评价法在评价流程中的具体应用环节

第四节　平衡计分卡
(The Balanced Score Card)

一、方法释义

平衡计分卡(The Balanced Score Card,简称 BSC),就是根据组织的战略要求而精心设计的指标体系。按照卡普兰和诺顿的观点,“平衡计分卡是一种绩效管理的工具。它将战略目标逐层分解转化为各种具体的相互平衡的绩效考核指标体系,并对这些指标的实现状况进行不同时段的考核,从而为战略目标的完成建立起可靠的执行基础”。

二、方法特点

BSC 是一套从四个方面对战略管理的绩效进行财务与非财务综合评价的评分卡片,不仅能有效克服传统的财务评估方法的滞后性、偏重短期利益和内部利益以及忽视无形资产收益等诸多缺陷,而且是一个科学的集战略管理控制与战略管理的绩效评估于一体的管理系统。

三、实施内容

1. 定义远景。
2. 设定长期目标(时间范围为3年)。
3. 描述当前的形势。
4. 描述将要采取的战略计划。
5. 为不同的体系和测量程序定义参数。

四、实施程序

1. 以组织的共同愿景与战略为内核,运用综合与平衡的哲学思想,依据组织结构,将主体的愿景与战略转化为下属各责任部门(如各事业部)在财务(Financial)、目标对象(Target Object)、内部流程(Internal Processes)、创新与学习(Innovation&Learning)等四个方面的系列具体目标(即成功的因素),并设置相应的四张计分卡。

2. 依据各责任部门分别在财务、目标对象、内部流程、创新与学习等四个方面制定的可具体操作的目标,设置一一对应的绩效评价指标体系。这些指标不仅与主体战略目标高度相关,而且是以先行(Leading)与滞后(Lagging)两种形式,同时兼顾和平衡主体长期目标和短期目标、内部利益与外部利益,综合反映战略管理绩效的财务与非财务信息。

3. 由各主管部门与责任部门共同商定各项指标的具体评分规则。一般是将各项指标的预算值与实际值进行比较,对应不同范围的差异率,设定不同的评分值。以综合评分的形式,定期(通常是一个季度)考核各责任部门在财务、目标对象、内部流程、创新与学习等四个方面的目标执行情况,及时反馈,适时调整战略偏差,或修正原定目标和评价指标,确保主体战略得以顺利与正确地实行。

平衡计分卡基本框架见图6.7。

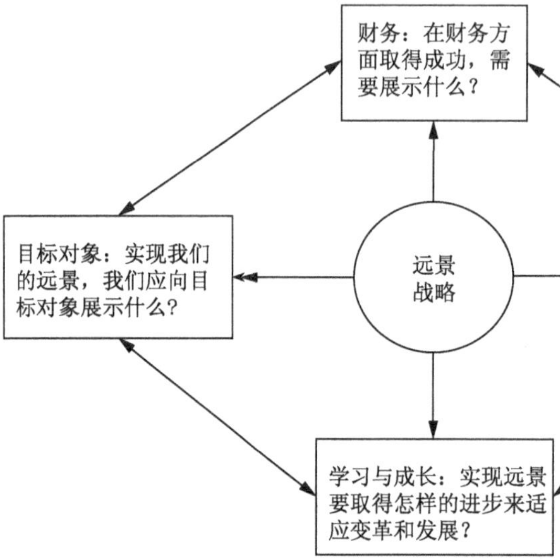

图 6.7　平衡计分卡基本框架

平衡计分卡在评价流程中的具体应用环节见图 6.8。

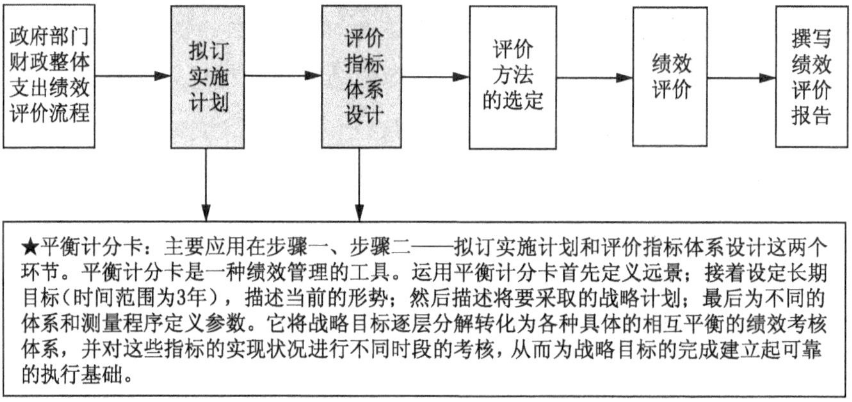

图 6.8　平衡计分卡在评价流程中的具体应用环节

第五节　逻辑分析法(Logical Analysis)

一、方法释义

逻辑分析法(Logical Analysis)是通过对事情背景的分析，按照投入、活动、产出、结果、影响等因素找出它们之间的内在联系，它可以帮助组织设计业绩目标，把目标转化为绩效目标，提供多目标的量化管理。逻辑分析法是预算绩效评价的重要方法，是主要用来分析一个项目的投入、管理过程及其结果之间关系的一种方法。目前，国内外均喜欢运用这种方法，而此方法在一些西方国家更是被普遍运用。

二、方法特点

逻辑分析法是以抽象的、理论上前后一贯的形式对策划客体的发展进行概括研究。事物的发展是曲折的，它的必然性是通过无数偶然性开辟其前进道路的，它的本质常常为纷繁的现象所掩盖。逻辑分析法就是从纯粹的、抽象理论的形态上来揭示策划对象的本质，通过概念、判断、推理等思维形式完成策划。

三、实施内容

逻辑分析法的指标体系包含以下几个方面：

1. 投入指标主要关注资金投入的相对量。

2. 考察投入的结构合理性。产出指标体系包括“直接产出”和“间接产出”两个方面。直接产出用于直接考察资金的使用情况，间接产出是相对于结果，反映资金使用后的效果，例如社会价值，最后，影响力指标体现了各方面的结果所产生的综合社会结果和社会影响。

3. 按照逻辑分析法构建出适合的预算绩效评价指标体系，它是从部门决策、部门管理、部门绩效以及能力建设四个方面进行设置的。设置过程中基本上遵循了“投入-过程-产出-结果”的逻辑框架，体现了绩效评价的经济性、效益性、效率性，形成了预算绩效评价指标体系的基本框架。

四、实施程序

1. 投入经费及开展项目。单位通过活动花费经费以期实现经费目标，活动是目标实现的过程。

2. 项目产出，这是绩效评价考察的重点。产出包括三部分，即狭义的产出、结果和影响。这三部分存在如下逻辑顺序：“产出”是指经费使用后的直接结果；“结果”是指产出“交付使用”后产生的社会、环境、政治等效益；“影响”则是保证项目绩效持续发生的影响力因素或制约条件。

逻辑分析法结构见图 6.9。

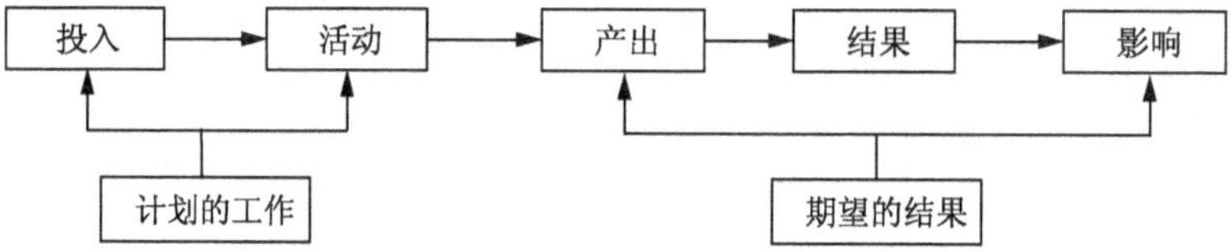

图 6.9　逻辑分析法结构

逻辑分析法在评价流程中的具体应用环节见图 6.10。

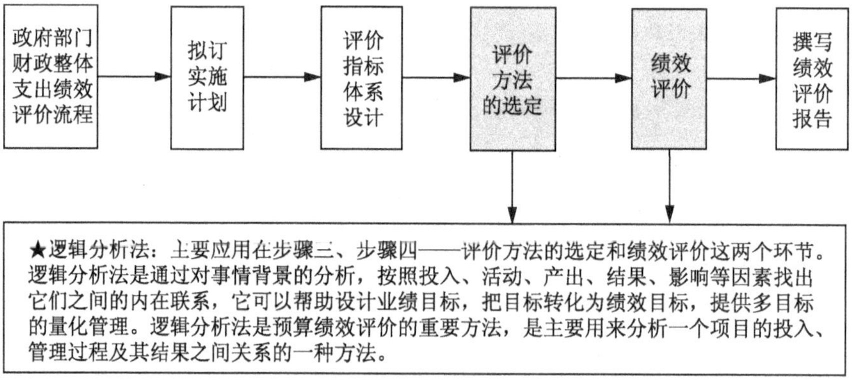

图 6.10　逻辑分析法在评价流程中的具体应用环节

第六节　行为锚定等级评价法
(Behaviorally Anchored Rating Scale)

一、方法释义

行为锚定等级评价法(Behaviorally Anchored Rating Scale,简称 BARS),也称为行为定位评分法,是比较典型的行为导向型评估法。它由美国学者史密斯与肯德尔在美国"全国护士联合会"资助下研究提出,兰迪特和吉昂在 1970 年证明它可用于工作动机的评估,所以此方法在 20 世纪 70 年代得到广泛的应用。行为锚定等级评价法是一种将同一职务工作可能发生的各种典型行为进行评分度量,建立一个锚定评分表,以此为依据,对员工工作中的实际行为进行测评计分的考评办法。

二、方法特点

行为锚定等级评价法侧重具体可衡量的工作行为,通过数值给各项评估项目打分,只不过评分项目是某个职务的具体行为事例,也就是对每一项职务指标做出评分量表,量表分段是实际的行为事例,然后给出等级对应行为,将工作中的行为与指标对比做出评估。它主要针对的是那些明确的、可观察到的、可测量到的工作行为。这种方法的优点是评估指标有较强独立性,评估尺度较精确;对具体的行为进行评估,准确性高一些。它的缺点是评估对象一般是从事具体工作的员工,对其他工作适用性较差;另外,一个员工的行为可能出现在量表的顶部或底部,科学设计有助于避免这种情况,但实际中难免出现类似情况。

三、实施内容

1. 针对每一个绩效指标都设计出一个等级评价表，表上每一个等级的绩效均通过对工作中某一关键事件的客观描述性说明词来加以界定（即所谓锚定）。

2. 通过这种等级评价表，将关于特别优良或特别劣等绩效的叙述加以等级性量化，供考评者为被考评者实际绩效评分时做参考依据。

四、实施程序

行为锚定等级评价法（BARS）的目的在于通过一个等级评价表，将关于特别优良或特别劣等绩效的叙述加以等级性量化，从而将描述性关键事件评价法和量化等级评价法的优点结合起来。行为锚定等级评价法通常要求按照以下5个步骤来进行。

1. 进行岗位分析，获取关键事件，以便对一些代表优良绩效和劣等绩效的关键事件进行描述。

2. 建立绩效评价的等级。一般分为5～9级，将关键事件归并为若干绩效指标，并给出确切定义。

3. 对关键事件重新加以分配。由另一组管理人员对关键事件重新做出分配，把它们归入最合适的绩效要素和指标中，确定关键事件的最终位置，并确定出绩效考评指标体系。

4. 对关键事件进行评定。审核绩效考评指标等级划分的正确性，由第二组人员将绩效指标中包含的重要事件由优到差、从高到低进行排列。

5. 建立最终的工作绩效评价体系。

BARS方法下行为类型（胜任素质）结构模型见图6.11。

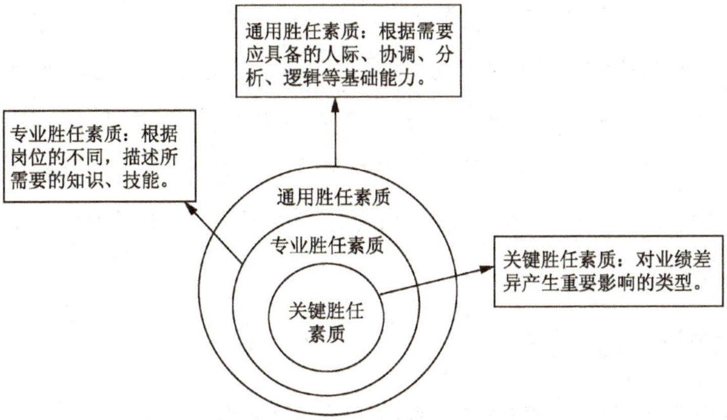

图 6.11　BARS 方法下行为类型(胜任素质)结构模型

行为锚定等级评价法在评价流程中的具体应用环节见图 6.12。

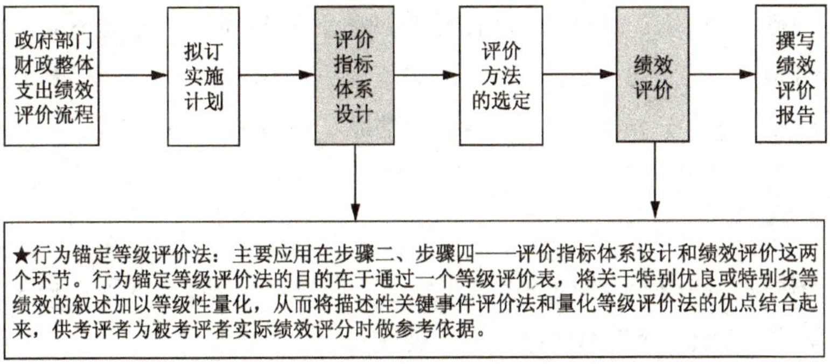

图 6.12　行为锚定等级评价法在评价流程中的具体应用环节

第七节　绩效三棱镜(Performance Prism)

一、方法释义

绩效三棱镜是英国克兰菲尔德大学(Cranfield University)管理学院的

Andy Neely 等教授和安德森咨询公司(Andersen Consulting)的合作研究成果。他们针对传统的业绩评价体系都过分强调股东利益的缺点，以及平衡计分卡只考虑股东、员工与顾客三个利益相关者的不足，提出了绩效三棱镜体系。绩效三棱镜的基本寓意为：日光经过三棱镜的折射显示出七彩颜色，而经营环境经过绩效三棱镜的“折射”则反映出各类利益相关者的要求，从而可以据此开展管理并对结果进行评价。

二、方法特点

与平衡计分卡相比，绩效三棱镜的创新之处主要在于：

1. 考虑了更广泛的利益相关者。

2. 考虑了利益相关者的双向作用，即要求与贡献。

3. 绩效三棱镜五个方面之间的逻辑关系更加明确。它针对不同的利益相关者，分别从需求、贡献、战略、流程、能力五个方面建立评价指标体系，从而将利益相关者与战略有效地结合起来，进而将战略与行动有效地结合起来。

三、实施内容

1. 绩效三棱镜把利益相关者置于绩效评价的中心地位，从利益相关者的角度出发来形成战略、确定内部过程和发展能力。

2. 绩效三棱镜是全方位的，绩效三棱镜想要折射的就是利益相关者对部门的要求和部门对其利益相关者的要求之间的差异，也就是说部门和利益相关者之间的交换品到底是什么。

3. 绩效棱柱对绩效评价的起点不是战略，而是利益相关者的分析，战略只是一种能够提升价值，并把价值传递给其利益相关方的行动，即只是实现评价目标的途径而不是评价目标本身。

四、实施程序

1. 要实现可持续发展，首先必须清楚地知道部门的利益相关者及其需求是什么(三棱镜上底)。

2. 然后据此制定战略,通过战略实施将价值及信息传递给利益相关者(三棱镜侧面)。

3. 为了实施战略,必须建立有效合理的流程(三棱镜侧面)。

4. 为了保证流程的顺利实施,必须具备适当的能力(三棱镜侧面)。

5. 部门在为利益相关者创造价值的同时,也需要获取利益相关者对部门的贡献(三棱镜下底)。对于股东、债权人、客户、员工、社区等每类利益相关者,都需要从这五个方面进行绩效评价。

绩效三棱镜逻辑结构见图 6.13。

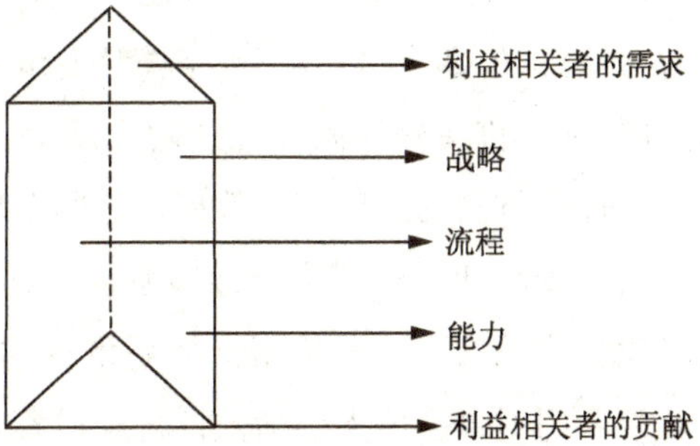

图 6.13　绩效三棱镜逻辑结构

绩效三棱镜在评价流程中的具体应用环节见图 6.14。

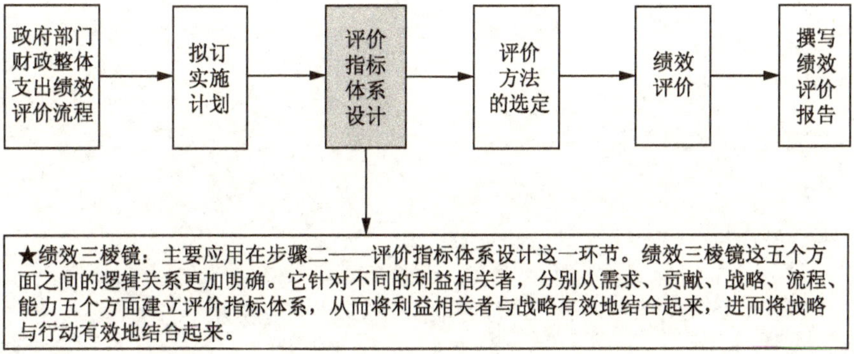

图 6.14　绩效三棱镜在评价流程中的具体应用环节

本章小结

本章主要介绍了政府部门财政整体支出绩效评价的七种方法，分别是：德尔菲法、网络层次分析法（ANP）、模糊综合评价法、平衡计分卡、逻辑分析法、行为锚定等级评价法以及绩效三棱镜。对这七种方法的概念、特点、实施内容以及实施程序做了简单的介绍。在政府部门财政整体支出绩效评价流程中，德尔菲法、ANP法主要应用在步骤二——评价指标体系设计这一环节；模糊综合评价法主要应用在步骤三——评价方法的选定这一环节；平衡计分卡主要应用在步骤一、步骤二——拟订实施计划和评价指标体系设计这两个环节；逻辑分析法主要应用在步骤三、步骤四——评价方法的选定和绩效评价这两个环节；行为锚定等级评价法主要应用在步骤二、步骤四——评价指标体系设计和绩效评价这两个环节；绩效三棱镜主要应用在步骤二——评价指标体系设计这一环节。这七种方法相辅相成，贯穿于政府部门财政整体支出绩效评价全过程，有助于开展科学合理的绩效评价。

第七章

政府部门财政整体支出绩效评价指标体系构建

第一节　指标选取的来源依据

一、学术性论坛及网站

1. 以“整体支出”“支出绩效”“部门整体支出绩效评价指标”为关键词，在知网、维普、万方等学术资源网站进行组合检索，收集国内外有关“部门整体支出绩效”的文献。

2. 面对大量的文献资料，成立专门的文献整理小组，经过初步筛选、精细阅读、专家讨论等环节，将国内外有关构建部门整体支出绩效评价指标体系的先进经验进行提炼浓缩和总结，用作本研究的参考。

3. 充分利用各学术性论坛，如人大经济论坛、经管之家等，与论坛广大用户对部门整体支出绩效评价指标进行深度交流讨论，搜集用户们的优质建议，再经专家小组慎重研讨之后收录到政府部门财政整体支出绩效评价指标体系之中（图 7.1）。

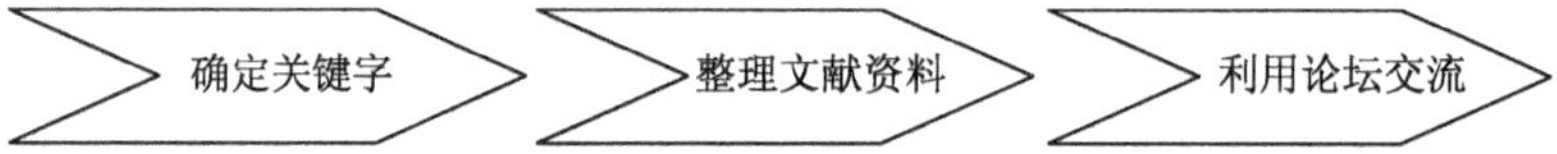

图 7.1　学术论坛及网站资料收集流程

二、各地政府官方网站

1. 从中华人民共和国财政部预算司网站（http://yss.mof.gov.cn）上，通过查找中央部门预算管理专题，收集财政支出绩效评价管理办法和预算绩效评价共性指标体系基本框架，深度了解中央对于部门整体支出绩效评价的意见。

2. 通过集中收集中央意见办法后，查找发达地区及较发达地区各省市自己的绩效评价报告。从北京市、上海市、杭州市、广东省这些地区政府官方网站上，了解各省市对于政府部门财政整体支出绩效评价的管理意见与实施方法。然后，搜寻具体职能部门如上海市档案局、广东省国土资源厅等网站，熟悉这些职能部门自身整体支出绩效评价方法及指标体系，供本课题参考。

3. 参照《中共江苏省委 江苏省人民政府关于全面实施预算绩效管理的实施意见》(苏发〔2019〕6 号)，根据江苏省具体要求和南京市具体情况专门"定制"适合自身管理与发展的绩效评价指标体系(图 7.2)。

图 7.2　政府网站资料收集流程

第二节　指标选取的思路

一、个性指标与共性指标相结合

各个工作部门都有其自身特定的工作性质和工作内容，评估模式要形成相应的工作个性指标，根据不同的考评目的和考评对象进行指标设计，应从实际情况出发，使其具有较强的针对性，充分体现出所考评对象工作的性质、工作内容和特点。各个部门的工作性质和工作内容虽然不尽相同，但按照标准的格式，都可以镶入统一的评估系统。同为公共部门，除却工作性质和工作内容有区别的地方，各个部门还有相当部分是共同的。在评估系统设计中，属于基本建设的思想建设、组织建设、政风建设、制度建设指标；属于运作机制的依法办事、举止文明、环境优化、办事高效、程序简明指标，班子素质、工作质量、政令通畅、整体形象指标，投诉成立、整改力度指标等都具有直接可比性。评估模式中设置共性指标，直接显现各个部门之间横向的可比性，有助于绩效评估在更大的范围内迅速推广，增强评估本身的绩效。共性指标主要集中于投入和过程环节，个性指标主要集中于产出和效益环节。

二、定性指标与定量指标相结合

定性指标是指不能用数据计量的，而只能通过描述性的语句来表述其内容和程度的指标，多是各项能力态度类指标，比如沟通能力、创新能力、领导能力、责任感、主动性等。如果说定量指标的精髓在于清晰，定性指标的精髓则在于模糊，而模糊也内含一种平衡、综合、权变、人性化的管理思想，它能够极大地运用人的经验和才能。在领导力到位的前提下，定性考核是可以取得让人满意的成果的。本绩效评价指标体系定性指标的筛选主要采用德尔菲法。运用该方法时，各专家之间相互独立，各自回答研究者提出的问题，研究者与专家之间可以进行反复沟通与讨论，最终获得咨询结果，以此来确保定性指标的科学性。公共部门相当部分的评估只能采取定性的方式确定。

定量分析是一种科学的数理统计方法，定量分析以数量分析为基础，需要寻求各种数量之间的相关性，形成各个变量之间的相关关系或函数关系。量化分析至少包括三层意思：其一是对定性指标进行量化分析的过程，通过指标权重确定、标杆竖立和分值计算，使定性指标具有一定的量化特征。此外，同一个评估主体多位评估成员之间分值系数的加权计算，也有量化的含义在内。其二是业绩指标尽可能以相对值的计量形式表现出来，例如比率关系。其三是选择一些有代表性的指标建构模型来反映指标的量化关系。

三、通用性指标与创新性指标相结合

参考国内外一系列指标体系，从中筛选出适合自身发展的通用性指标，其在一定范围内，作为其他标准的基础并被普遍使用，具有广泛的指导意义。无论是国内还是国外，发达地区还是发展中地区，只要是政府部门，都可将之用作整体支出绩效评价的指标依据。独创性指标是本课题组在查找大量文献的基础上，在翻阅各个政府文件或者已经实行的指标体系中，通过头脑风暴等方法自行提炼，从全方位角度思考得出的。如：资金风险、项目风险、人员风险、考核工作进度情况、政策产出、一般及重点项目产出、政府平级部门互评及重大（重点）政策影响率。

四、主观性与客观性相结合

评价指标遵循主客观相结合的原则。客观指标是指反映客观现象的指标，是反映实情的指标。主观指标也称感觉指标，是指反映人们的感觉、愿望、态度、评价等主观情况的指标，是反映民意的指标。本绩效评价指标体系客观指标数据主要是参照文献和政府官方网站文件，主观指标数据依靠各方专家打分及调查问卷来获取。根据指标的评价标准和指标说明，将目标设置、预算及项目管理、项目产出、履职效益指标下的所有三级指标作为主观指标，将预算及项目执行、预算职责履行指标下的所有三级指标作为客观指标。

五、过程指标与结果指标相结合

政府绩效评估指标设计应该坚持过程指标与结果指标相结合的原则。在评估研究的文献中，最基本的分类是总结式评估和过程式评估。指标是评估的具体手段，相应地，总结式评估通常是通过结果指标予以评估的。政府工作的外部性特征，使得政府工作的产出难以衡量，因此，对政府绩效评估而言，过程指标和结果指标都是不可或缺的。过程方面主要是政府部门职能评价、财务性指标评价和一些常规性评价，约占该指标体系的 30%；重点关注结果指标，包括产出和效益两方面，约占该指标体系的 70%。

第三节　指标体系的确定程序

一、指标体系的初选

参考相关文献和政府网站的汇总资料，初步确定了一级指标 4 个，二级指标 8 个，三级指标 26 个待定。考虑到本研究构建的指标体系要适用于各个部门，因此选取的指标都是各部门间存在共性的。

根据《财政部关于印发〈预算绩效评价共性指标体系框架〉的通知》(2013 年 4 月 21 日，财预〔2013〕53 号)的要求，课题组对部门整体支出的绩效评价主要从投入、过程、产出、效果这四个方面进行，因此将其设置为一级指标。参考《中共江苏省委 江苏省人民政府关于全面实施预算绩效管理的实施意见》(苏发〔2019〕6 号)、《2017 年湖南省科技厅部门整体支出绩效评价报告》、《2017 年广东省农业厅部门整体支出绩效评价报告》等文件，投入下设二级指标 2 个，分别是目标配置、预算配置。过程是整个评价的重点，此项下设二级指标 4 个，分别是预算管理、预算执行、项目管理、资产管理。产出下设一个二级指标：职责履行。效果下设一个二级指标：职责效益。

参考《2017 年上海市徐汇区档案局部门整体支出绩效评价报告》、《2016 年广东省国土厅整体支出绩效评价报告》、《中共江苏省委 江苏省人民政府关于全面实施预算绩效管理的实施意见》(苏发〔2019〕6 号)等文件，初步确立三级指标 26 个，但仍需要专家们更深入地探讨推敲。

二、指标体系的研讨

在初选政府部门财政整体支出绩效评价的指标体系之后，为了进一步优化指标体系内容，针对具体规定和情况，进行多方研讨并邀请相关专业研究者，分享和交流专业知识、实践经验，共同分析讨论指标体系内容。主要运用以下方法进行研讨(表 7.1)。

表 7.1 指标体系的研讨方法及进行情况

研讨方法	方法释义	进行情况
头脑风暴法(Brain Storming)	该方法主要是工作小组成员在正常融洽和不受任何限制的气氛中以会议形式进行讨论、座谈，打破常规、积极思考，畅所欲言，充分发表看法	就政府部门财政整体支出绩效评价这一内容，收集并汇报所寻找到的相关文献及文件。从自身获得的情报出发，积极发表各自的意见，并对初选指标体系进行询问和质疑，最终得出满意结果
创新思维法(Innovative Thinking)	该方法是以新颖独创的方式解决问题的思维过程，通过这种思维能突破常规思维的界限，以超常规甚至反常规的方法、视角去思考问题，提出与众不同的解决方案，从而产生新颖的、独到的、有社会意义的思维成果	在交流研讨过程中，从不同角度(包括国内和国外地区部门情况)、不同层次(包括一般性支出和重大重点项目类支出)、不同来源(包括学术性网站和政府官网)出发，大胆进行设想，提出许多有独创性的想法和意见
专家调查法(Delphi Method)	该方法是采取匿名的方式广泛征求专家的意见，经过反复多次的信息交流和反馈修正，使专家的意见逐步趋向一致，最后根据专家的综合意见，对评价对象做出评价的一种定性与定量相结合的预测、评价方法	走访调查询问多家专业机构并征求多方专家学者意见，将初选指标体系送去进行询问和修改。最终，以最专业的角度对此指标体系进行优化和评价
政产学研协同法(Government-Business-University-Research Cooperation)	该方法将政府、产业、高校以及科研机构完美结合起来，相互配合，发挥各自优势，凸显政府在开放创新平台搭建和政策引导中的作用，形成强大的学习、研究、实践一体化系统合作	多次与政府进行交流沟通，在高校强大的专业优势前提下，根据江苏省委省政府关于绩效管理实施具体意见，形成适用于自身的政府部门财政整体支出绩效评价指标体系

三、指标体系的精选

经过多方共同深度讨论，最终确定一级指标 4 个，二级指标 11 个，三级指标 29 个，在初选基础上有所增加与修改。

有所变化的主要是过程、产出和效果。《中共江苏省委 江苏省人民政府关于全面实施预算绩效管理的实施意见》（苏发〔2019〕6 号）特别强调了支出方面要特别关注重大政策和项目实施效果，因此专家小组讨论后决定，过程和产出重点从一般和重大重点项目两个角度来考核。对一些二级指标和三级指标进行了调整，调整后的过程包括 5 个二级指标，分别是一般预算管理、一般预算执行、项目预算管理、重大（重点）项目管理、风险管理。产出包括一般性预算职责履行、重大（重点）项目职责履行。效果也由原来的 1 个二级指标增加到 2 个，在原本的履职效益前增加了履职效果。

三级指标参照中央文件、部分地方文件以及学术性论坛征集的优质建议，最终确定为 29 个。独创性的三级指标有投资完成率、审批程序合规性、支出挪用风险、超支风险、重大（重点）政策影响率。精选后的指标体系更加科学全面，适用于不同部门的整体支出绩效评价。

四、指标体系的确定

经过指标体系的初选、研讨和精选后，在大家共同的不懈努力下，收集大量相关国内外文献及各地政府文件后，在多方研讨意见整合后，最终确定了以“投入、过程、产出、效果”为框架，加入自身独创性指标的政府部门财政整体支出绩效评价通用性指标体系。

第四节　通用性指标体系构建

一、投入方面

表 7.2　投入方面通用性指标体系构建

一级指标	二级指标	三级指标	指标解释	参考文件
投入(A_1)	目标设置(B_1)	绩效目标合理性及明确性(C_{11})	部门(单位)所设立的整体绩效目标依据是否充分,是否符合客观实际,是否清晰、细化、可衡量,用以反映和考核部门(单位)整体绩效目标与部门履职、年度工作任务的相符性及明细化情况	《北京市财政支出绩效评价实施细则》(京财绩效〔2013〕2772 号附件)《2017 年度昆明市纪律检查委员会办公厅部门整体支出绩效评价报告》
	预算配置(B_2)	重大(重点)政策保障率(C_{21})	部门(单位)本年度预算安排的重点项目支出与部门项目总支出的比率,用以反映考核部门(单位)对履行主要职责或完成重点任务的保障程度	《北京市财政支出绩效评价实施细则》(京财绩效〔2013〕2772 号附件)

投入(A_1):参照《中共江苏省委 江苏省人民政府关于全面实施预算绩效管理的实施意见》确定此指标。

目标设置(B_1):主要是对部门整体支出目标的设置评价。

绩效目标合理性及明确性(C_{11}):

绩效目标合理性是参照《2017 年度昆明市纪律检查委员会办公厅部门整体支出绩效评价报告》确定的。考核项目绩效目标合法性、客观性、严谨性。合法性考核项目执行是否违背相关法律法规和政策制度;客观性考察项目的可实现性和可操作性;严谨性考察项目制定程序的规范性、项目方案的优选情况(若项目绩效目标因上述原因进行调整，则此项相应扣分）。

绩效目标明确性是参照《北京市财政支出绩效评价实施细则》确定的。考核项目绩效目标明确可衡量性、具体化程度和目标量化情况。明确可衡量即要求对项目目标完成情况和质量目标有明确的判定标准；具体化即要求项目有明确的完成时间，有明确的阶段性目标，有可衡量的总体目标和质量目标；目标量化情况要求项目绩效目标应尽可能量化，并附量化说明。

预算配置（B_2）：主要是对部门整体支出各方面预算工作的评价。

重大（重点）政策保障率（C_{21}）：参照《北京市财政支出绩效评价实施细则》确定此指标。重点支出安排率为本年度预算安排的重点项目支出与部门项目总支出的比率。重点支出安排率＝（重点项目支出/项目总支出）×100％。重点项目支出：部门年度预算安排的，与本部门履职和发展密切相关、具有明显社会和经济影响、党委政府关心或社会比较关注的项目支出总额。项目总支出：部门年度预算安排的项目支出总额。

二、过程方面

表 7.3　过程方面通用性指标体系构建

一级指标	二级指标	三级指标	指标解释	参考文件
过程（A_2）	预算及项目管理（B_3）	管理合规有效性（C_{31}）	部门（单位）使用预算资金是否符合相关的预算财务管理制度的规定，部门项目财务监控监督工作是否有效，用以反映和考核部门（单位）预算资金的规范运行及监控监督情况	《2017 年上海市徐汇区档案局部门整体支出绩效评价报告》《2017 年昆明市纪律检查委员会办公厅部门整体支出绩效评价报告》
		预决算信息公开性（C_{32}）	部门（单位）是否按照政府信息公开有关规定公开相关预决算信息，用以反映和考核部门（单位）预决算管理的公开透明情况	《2017 年广东省农业厅部门整体支出绩效评价报告》

续表

一级指标	二级指标	三级指标	指标解释	参考文件
过程(A_2)	预算及项目执行(B_4)	支出预算执行情况(C_{41})	部门(单位)本年度支出预算执行较财政预算下达情况,用以反映和考核部门(单位)预算支出完成程度	《北京市财政支出绩效评价实施细则》(京财绩效〔2013〕2772号附件)
		政府采购执行率(C_{42})	部门(单位)本年度实际政府采购金额与年初政府采购预算的比率,用以反映和考核部门(单位)政府采购预算执行情况	《2017年湖南省科技厅部门整体支出绩效评价报告》
		"三公"经费控制率(C_{43})	部门(单位)本年度"三公"经费预算数与本年度"三公"经费决算数的比率,用以反映和考核部门(单位)对控制重点行政成本的努力程度	《2017年湖南省科技厅部门整体支出绩效评价报告》
	项目管理(B_5)	项目实施程序(C_{51})	部门(单位)项目实施程序是否明确规范,实施依据是否充分,用以反映项目实施程序的有效性	《2017年广东省农业厅部门整体支出绩效评价报告》
	风险管理(B_6)	资金风险(C_{61})	部门(单位)资金在运行过程中,由于各种主、客观因素,特别是一些不确定性因素的影响,资金支出发生困难而引起的风险	独创性指标
		项目风险(C_{62})	部门(单位)项目有无应急预案,有无止损措施,内控制度是否完善	独创性指标
		人员风险(C_{63})	部门(单位)人员与岗位是否匹配,人员素质水平是否合格	独创性指标

过程(A_2):参照《中共江苏省委 江苏省人民政府关于全面实施预算绩效管理的实施意见》确定此指标。

预算及项目管理(B_3):主要是部门整体支出过程中对预算和项目支出的管理情况评价。

管理合规有效性(C_{31}):

管理制度健全性是参照《2017年上海市徐汇区档案局部门整体支出绩效评价报告》确定的。已制定或具有预算资金管理办法、内部财务管理制度、会计核算制度等管理制度以及相关管理制度合法、合规、完整性。

资金使用合规性是参照《2017年昆明市纪律检查委员会办公厅部门整体支出绩效评价报告》确定的。符合国家财经法规和财务管理制度规定以及有关专项资金管理办法的规定;资金的拨付有完整的审批程序和手续;项目的重大开支经过评估论证;符合部门预算批复的用途;不存在截留、挤占、挪用、虚列支出等情况。

财政资金支出有效性是独创性指标内容。指通过政府资金对社会的投入,是否使社会资源的配置与财政资源的配置均达到帕累托最优。

预决算信息公开性(C_{32}):参照《2017年广东省农业厅部门整体支出绩效评价报告》确定此指标。有预算部门对公开工作的重视程度,预决算公开内容的完整和细化程度,预决算公开的易懂性,预决算公开内容和形式的规范性,部门预算与部门决算公开工作衔接,预决算公开的载体,完善预决算公开工作机制,健全预决算公开监督检查力度,预决算公开的互动性。

预算及项目执行(B_4):主要是部门整体支出过程中对预算和项目支出的执行情况评价。

支出预算执行情况(C_{41}):参照《北京市财政支出绩效评价实施细则》(京财绩效〔2013〕2772号附件)确定此指标。审查预算执行情况报告的合理性、真实性,审查预算支出是否严格按照国家预算执行,进度是否与计划一致。审查预算支出超支或未完成计划的原因;查核动用预备费是否适当,手续是否完备,支出有无虚报冒领、挪用、侵占现象。

政府采购执行率(C_{42}):参照《2017年湖南省科技厅部门整体支出绩效评价报告》确定此指标。在确保政府采购产品质量的前提下,采购花费的资金成本越少、时间越短,微观绩效越高。微观绩效可分为资金效率和行政效率。资金效率是指政府采购对资金的节约程度,政府采购节支率=(政府采购预算金额－实际政府采购金额)÷政府采购预算金额×100%=1－实际政府采购金额÷政府采购预算金额×100％。

“三公”经费控制率(C_{43})：参照《2017年湖南省科技厅部门整体支出绩效评价报告》确定此指标。因公出国(境)费反映单位工作人员公务出国(境)的住宿费、旅费、伙食补助费、杂费、培训费等支出，公务用车购置及运行费反映单位公务用车购置费及租用费、燃料费、维修费、路桥费、保险费、安全奖励费用等支出，公务接待费反映单位按规定开支的各类公务接待(含外宾接待)支出。

项目管理(B_5)：主要是部门整体支出过程中对项目支出的管理情况评价。

项目实施程序(C_{51})：参照《2017年广东省农业厅部门整体支出绩效评价报告》确定此指标。实施程序是否明确规范，实施依据是否充分，项目是否符合国家和本市的政策法规，是否符合公共财政资金保障的范围和支持的方向。依据包括项目申请批准文件以及项目涉及的相关政策、法规、规划、特定许可等，项目是否符合规定条件和程序依据，包括项目决策主体、实施主体、受益主体确认信息、项目确立应经过的规定程序、确定项目范围所形成的规范性材料以及相关实施标准和依据。

风险管理(B_6)：主要是部门整体支出过程中对风险管理情况评价。

资金风险(C_{61})：独创性指标。对财政预算资金的执行情况不明显，主要表现在执行的力度不够大。财政预算资金的运行监督不到位，财政预算资金的管理不到位，一次性预算资金安排过多，有一些具体项目具有专项性、一次性的预算不够，逐渐地增加资金周转的周期不紧密，对下一步的工作资金预算不明确。

项目风险(C_{62})：独创性指标。项目有无应急预案，有无止损措施，内控制度是否完善。

人员风险(C_{63})：独创性指标。人员与岗位是否匹配，人员素质水平是否合格，人员责任制度是否完善。

三、产出方面

表 7.4　产出方面通用性指标体系构建

一级指标	二级指标	三级指标	指标解释	参考文件
产出(A_3)	预算职责履行(B_7)	进度计划完成率(C_{71})	部门(单位)实际完成工作数与计划工作数的比率,用以反映和考核部门(单位)履职工作任务目标的实现程度	《财政部关于印发〈预算绩效评价共性指标体系框架〉的通知》(2013 年 4 月 21 日,财预〔2013〕53 号)
		质量达标率(C_{72})	部门(单位)达到质量标准(绩效标准值)的实际工作数与计划工作数的比率,用以反映和考核部门履职质量目标的实现程度	《财政部关于印发〈预算绩效评价共性指标体系框架〉的通知》(2013 年 4 月 21 日,财预〔2013〕53 号)
	部门运营产出(B_8)	部门战略执行情况(C_{81})	部门(单位)为实现部门战略目标而对战略规划的执行,用以反映和考核部门战略执行力的提升情况	《财政部关于印发〈预算绩效评价共性指标体系框架〉的通知》(2013 年 4 月 21 日,财预〔2013〕53 号)
		年度工作计划完成情况(C_{82})	部门(单位)年度实际完成工作数较计划完成数,用以反映和考核部门年度工作效率	《2017 怀化市档案局部门整体支出绩效评价报告》
		考核工作进度情况(C_{83})	部门(单位)有无工作进度考核机制,是否对工作进度进行周期性考核	独创性指标
	项目产出(B_9)	支出政策产出(C_{91})	部门(单位)支出绩效政策支持的项目产出情况	独创性指标
		一般及重点项目产出(C_{92})	部门(单位)一般及重点项目为社会公众群体提供产品或服务等情况	独创性指标

产出(A_3):参照《中共江苏省委 江苏省人民政府关于全面实施预算绩效管

理的实施意见》确定此指标。

预算职责履行(B_7)：主要是部门整体支出预算工作的执行情况。

进度计划完成率(C_{71})：参照《财政部关于印发〈预算绩效评价共性指标体系框架〉的通知》确定此指标。实际完成工作数与计划工作数的比率，项目投资进度完成率指标反映投资项目的实施状况，一般情况下应达到70%以上，至少不低于50%，否则说明项目实施受阻或发生变化，募集资金投资项目风险加大。

质量达标率(C_{72})：参照《财政部关于印发〈预算绩效评价共性指标体系框架〉的通知》确定此指标。此指标是部门(单位)达到质量标准(绩效标准值)的实际工作数与计划工作数的比率，用以反映和考核部门履职质量目标的实现程度。部门对上级交派的项目及地区发展重要项目的完成情况进行考核，将实际达到质量标准数与计划目标数进行对比，结果直观具体。

部门运营产出(B_8)：主要是部门运营各项工作的产出情况。

部门战略执行情况(C_{81})：参照《财政部关于印发〈预算绩效评价共性指标体系框架〉的通知》确定此指标。此指标是部门(单位)为实现部门战略目标而对战略规划的执行，用以反映和考核部门战略执行力的提升情况。各个部门为保障部门战略目标的实现，需要对战略实施过程中的主要工作、人员职责及具体时间的计划和安排进行考核。在绩效工作开展过程中，要关注部门战略制定情况，是政府强制要求的还是部门自发制定的，部门整体支出有无目标，有无规划。目标具体内容是三到五年的整体目标还是更长远的整体目标，整体目标有无分解。规划方面是否明确指出年度计划及长期规划，是否对当年新增任务目标进行具体说明。这些环节都会影响部门战略执行情况的打分。

年度工作计划完成情况(C_{82})：参照《2017怀化市档案局部门整体支出绩效评价报告》确定此指标。此指标是部门(单位)年度实际完成工作数较计划完成数，用以反映和考核部门年度工作效率。部门年初对本年度内相关工作及党建、公益工作进行预计，待年末时统计该年度各项工作实际完成情况，以便以后年度对部门工作进行改进。

考核工作进度情况(C_{83})：独创性指标。此指标检验部门(单位)有无工作进度考核机制，是否对工作进度进行周期性考核。部门对上级交派的项目及地区发展重要项目是否制定合理且详细的进度考核机制，是否及时掌握项目工作进度，以便把握项目完成节奏。对于重大项目需要进行周期性考核，保证项目能如期完成。

项目产出(B_9)：主要是部门运营的一般及重点项目的产出情况。

支出政策产出(C_{91})：独创性指标。此指标衡量部门(单位)支出绩效政策支持的项目产出情况。各部门要重点关注有政策支持的项目产出，这是反映部门整体支出绩效的重要指标之一。在绩效评价过程中，注意考核这些项目是否设置了目标、部门政策对其影响程度以及项目执行后期实际利润收入或者带来的声誉度提升情况。

一般及重点项目产出(C_{92})：独创性指标。此指标考核部门(单位)一般及重点项目为社会公众群体提供产品或服务等情况。部门所提供的满足一般及重点项目需求的基础设施项目资产、公共产品和服务等直观的产出，是结果导向的指标。考核过程中关注一般及重点项目对具体的基础设施建设、融资、运营服务等需求标准的满足情况。

四、效果方面

表 7.5　效果方面通用性指标体系构建

一级指标	二级指标	三级指标	指标解释	参考文件
效果(A_4)	履职效果(B_{10})	服务对象满意度(C_{101})	部门(单位)的服务对象对部门履职效果的满意程度	《2017年上海市徐汇区档案局部门整体支出绩效评价报告》
		政府平级部门互评(C_{102})	政府平级部门(单位)对部门工作满意度进行互评	独创性指标
		重大(重点)政策影响率(C_{103})	部门(单位)重大政策履职的影响程度	独创性指标

续表

一级指标	二级指标	三级指标	指标解释	参考文件
效果(A_4)	履职效益(B_{11})	经济效益(C_{111})	部门(单位)履行职责对经济发展所带来的直接或间接影响,如投入产出比、拉动投资情况、产业增值情况、行业发展情况、同等城市差距等	《2017年广东省农业厅部门整体支出绩效评价报告》
		社会效益(C_{112})	部门(单位)履行职责对社会发展所带来的直接或间接影响,如是否促进社会发展、是否推动文明城市建设、是否提高居民幸福指数等	《2017年湖南省科技厅部门整体支出绩效评价报告》
		生态效益(C_{113})	部门(单位)履行职责对生态环境所带来的直接或间接影响,如是否改善环境、是否推动产业升级、是否关注水域处理等	《中共江苏省委 江苏省人民政府关于全面实施预算绩效管理的实施意见》(苏发〔2019〕6号)
		可持续发展(C_{114})	部门绩效目标实现的长效机制建设情况,部门工作效率提升措施的创新,以及财政可承受能力、是否进行积极改革等	《2017年上海市徐汇区档案局部门整体支出绩效评价报告》

说明:该部门整体支出绩效评价指标体系主要适用于事中及事后评价,事中效益不能完全体现,事后效益可完全体现。此外,这是一套适用于不同部门的共性指标体系,政府部门在使用时可根据本部门自身情况进行个性化调整。

效果(A_4):参照《中共江苏省委 江苏省人民政府关于全面实施预算绩效管理的实施意见》确定此指标。

履职效果(B_{10}):主要是部门整体支出涉及的各项事务的完成效果情况。

服务对象满意度(C_{101}):参照《2017年上海市徐汇区档案局部门整体支出绩效评价报告》确定此指标。此指标是调查部门(单位)的服务对象对部门履职效果的满意程度。考核部门服务对象在政府部门政务服务及政风行风建设方面的情况。相关部门可设计调查问卷,在项目结束后发送至服务对象,及时了解其满意度,有利于部门有针对性地改进服务工作。

政府平级部门互评(C_{102}):独创性指标。政府平级部门(单位)对部门工作满意度进行互评。平级部门可以从不同视角对部门工作进行考评，使绩效评价工作在最大程度上做到多角度、全方位，同时可以为部门工作改进提供新思路。

重大(重点)政策影响率(C_{103})：独创性指标。部门(单位)重大政策履职的影响程度。在进行绩效评价工作中，关注重大政策的实施带动的项目数量、项目目标的完成情况、项目带来的收益等。各个部门深入了解自身实施的重大政策影响率，有利于政策重点的改进。

履职效益(B_{11})：主要是部门履行职能带来的各种直接或间接影响。

经济效益(C_{111})：参照《2017 年广东省农业厅部门整体支出绩效评价报告》确定此指标。此指标是衡量部门(单位)履行职责对经济发展所带来的直接或间接影响。一方面是部门完成工作任务带来的经济效益，另一方面部门提出各项政策、意见及措施时带来的经济效益。在进行绩效评价工作过程中，经济效益可重点关注投入产出比、拉动投资情况、产业增值情况、行业发展和争先进位情况、同等城市差距等。

社会效益(C_{112})：参照《2017 年湖南省科技厅部门整体支出绩效评价报告》确定此指标。此指标是衡量部门(单位)履行职责对社会发展所带来的直接或间接影响，包括理论和实践效益，如改进工作程序、改变工作方式等。社会效益可重点关注是否促进社会发展、是否推动文明城市建设、是否改善城市面貌、是否提高居民幸福指数等，包括绝对值和纵向、横向比较的相对值。各个部门可以根据部门特质加入个性指标，如农业部门可以设置农业发展带动的农民就业率、农业对社会发展进程的影响、农业改善人民生活情况等指标；教育部门可以设置教育对社会精神文明的贡献度、科技提高劳动生产率情况、教育对社会风尚的影响度等指标；交通部门可以设置交通带来的经济收入、居民出行便利化程度、交通提升居民幸福指数等指标。

生态效益(C_{113})：参照《中共江苏省委 江苏省人民政府关于全面实施预算绩效管理的实施意见》确定此指标。此指标衡量部门(单位)履行职责对生态环境所带来的直接或间接影响，如是否改善环境、是否推动产业升级、水域处理情况、城市公园建设情况、退耕还林情况等。

可持续发展(C_{114}):参照《2017 年上海市徐汇区档案局部门整体支出绩效评价报告》确定此指标。此指标是衡量部门绩效目标实现的长效机制建设情况,部门工作效率提升措施的创新情况。可持续发展重点关注财政可承受能力、发展方式与当前产业转型要求是否吻合、相关产业项目在当地有无发展潜力和前景、有前景的项目是否予以政策资金或环境扶持、部门自身工作方式是否符合经济社会发展要求、是否进行积极改革等。

本章小结

本章详细叙述了部门整体支出绩效评价指标体系选取的来源依据,主要来自学术性论坛和各地政府官方网站,从中收集相关文献及文件,征集多方意见,选取指标体系内容;确定指标体系的程序共分为四个步骤,即初选、研讨、精选、确定。初选主要参考收集到的相关文献资料及政府文件,以初步确定指标体系内容;研讨主要通过头脑风暴法、创新思维法、专家调查法和政产学研协同法对指标体系内容进行进一步优化;精选是在研讨的基础上对指标体系内容进行修改和调整,结合具体情况,使其适用于不同部门整体支出的绩效评价;最终,确定了以“投入、过程、产出、效果”为框架的政府部门财政整体支出绩效评价指标体系。其中,一级指标 4 个,二级指标 11 个,三级指标 29 个,在本章最后以表格形式展现。

第八章

结论与展望

第一节　结　论

本专著开展了政府部门财政整体支出绩效管理研究，得出了如下结论：

1. 本专著基于国家“放管服”改革的宏观背景，介绍了部门整体支出绩效评价的国内外相关研究成果、技术手段和评价的流程步骤，研究发现：随着财政支出绩效评价在开展广度和深度上的要求不断提高，单纯的项目支出绩效评价已经很难满足预算绩效的管理需要，以整体支出为对象的绩效评价能够更有效地掌握各预算部门的资源配置和整体绩效情况。地方政府部门财政整体支出绩效评价与项目支出绩效评价相比，覆盖面更广，评价层次更深，评价绩效更为精准，在各级政府及企事业单位的绩效评价领域中将有更为广泛的应用。

2. 本研究发现政府部门财政整体支出存在五大主要问题：政府部门财政预算与支出的科学匹配问题、政府部门支出的结构不平衡问题、专项资金与政府财政补助的使用合规性问题、政府部门财政支出的绩效评估缺失问题、政府部门财政支出的其他问题。针对这五大问题，本专著提出了相关的解决方案。

3. 本专著对美国、英国、澳大利亚及新西兰等国政府部门财政整体支出绩效评价进行了国际比较研究，对我国政府部门财政整体支出绩效评价有如下的借鉴意义：

（1）美国联邦政府绩效评估建立了层级式绩效评估体系，其绩效评估由项目评估、部门评估、跨部门评估三部分组成，改变了过去由某个部门所进行的孤立评估，逐渐形成了推行政府绩效评估的良好氛围。

（2）英国政府的财政支出绩效管理工作受公共服务和公共支出内阁委员会的指导和监督，主要由各政府部门进行财政支出自我评价。英国财政部为保证各部门递送决算资料的准确性，每年也会对一些政府部门支出情况进行综合绩效评价。

（3）澳大利亚政府以产出和结果为中心，以绩效目标为依据，以项目管理为重点，围绕公共支出绩效评价体系展开，侧重于控制政府支出规模，提高政府公共管理的责任性、公开性及资源配置的有效性等方面。

（4）新西兰政府绩效管理模式的最大特点是严格按照委托代理关系设计绩效管理流程，偏重于重视政府部门的行政执行效率。同时，新西兰绩效管理不同于其他国家的一个突出特点是对“产出”和“结果”进行清晰的界定。

4. 本专著对北京市、上海市、杭州市、广东省以及江苏省等地区政府部门财政整体支出绩效评价进行了国内比较研究，总结如下：北京市预算支出更加侧重于调整优化财政支出结构，格外突出“节约”原则；上海市预算支出着重于提高财政资金的使用效益；杭州市以保障基本民生作为预算支出的优先方向；广东省预算支出更倾向于事业发展性支出项目、部门运转类支出中项目支出、转移支付资金等；江苏省更侧重于建立“全方位、全过程、全覆盖”的预算绩效管理体系。通过对国内发达地区关于部门支出、预算管理的经验研究，找出其共性特征，为建立部门整体支出绩效评价体系共性指标提供依据。

5. 本研究发现政府部门财政整体支出绩效评价是一个科学、系统的有机整体，由各个相互联系的环节衔接而成，主要包括拟订实施计划、评价指标体系设计、评价方法选定、绩效评价和撰写评价报告五个部分。同时伴随着我国经济的快速增长，政府部门支出规模不断扩大，加快建成全方位、全过程、全覆盖的政府部门支出绩效评价管理体系也需要不断优化。因此，本专著提出对于政府部门支出资金在事前、事中及事后的管理优化方法，提高政府部门资金的管理水平和政策实施效果，为经济社会持续健康发展提供有力保障。

6. 本专著梳理总结了政府部门财政整体支出绩效评价的七种方法，分别是：德尔菲法、网络层次分析法（ANP）、模糊综合评价法、平衡计分卡、逻辑分析法、行为锚定等级评价法以及绩效三棱镜方法。这七种方法相辅相成，贯穿于政府部门财政整体支出绩效评价全过程，有助于开展科学合理的绩效评价。

7. 本专著科学构建了政府部门财政整体支出绩效评价指标体系的设计流程：

（1）在学术论坛、综合性网站和专业数据库等大数据媒介上，针对关键词进行海量组合检索，经过初步筛选、精细阅读、专家讨论等环节，充分利用各学术性论坛对部门整体支出绩效评价指标进行深度交流讨论，搜集用户们的优质建议，再经专家小组慎重研讨之后收录到政府部门财政整体支出绩效评价指标体系之中。

（2）明确指标体系设计的思路，强调个性指标与共性指标相结合、定性指标与定量指标相结合、通用性指标与创新性指标相结合、主观性与客观性相结合、过程指标与结果指标相结合。

（3）确定指标体系的程序共分为初选、研讨、精选、确定这四个程序；第四步确定了以“投入、过程、产出、效果”为框架的政府部门财政整体支出绩效评价指标体系。在提出比较详尽的指标体系的同时，建立依据并具体运用，可以作为评价的指南。

第二节　展　望

1. 对标研究需要更加与时俱进、有的放矢、智慧赋能和拓宽视野。

本专著选取美国、英国、澳大利亚、新西兰等国以及北京市、上海市、杭州市、广东省、江苏省等地区为案例，对这些国家或地区的部门整体支出绩效评价进行研究，具有借鉴与启发意义。但是也有时效性的局限，因研究的时间点不同，情况会发生诸多改变，所以我们要掌握静态性与动态性相结合的特点，与时俱进，摒弃采用标准化模式，积极关注这些城市采用的评价流程及侧重点，不断向优质城市看齐。

本专著采用多种方法进行政府部门财政整体支出绩效评价，并分析了指标体系选取的来源依据。这些评价方法的特点和实施程序具有普遍的指导性意义，更具有开放性、包容性的特点，对日后的新评价方法，我们可以将其作为补充添加到已有的评价流程中。另外，评价方法作为通用性指南和手册，具体运用时需要结合各单位实际，在理论与实践相结合的基础上，由专业机构开展具体详尽的业务。

2. 技术手段和指标体系需要优化设计、取长补短、因地制宜、精准施策。

本专著阐述了部门整体支出绩效评价指标体系选取的来源，主要来自学术性论坛和各地政府官方网站，初步确定了 4 个一级指标，11 个二级指标，29 个三级指标。因考虑到本研究构建的指标体系要适用于各个部门，所以后期在具体运用过程中应进行必要的调整。

3. 本专著的理论与实践成果兼收并蓄、适用面广，既具有理论的参考价值，又具实践应用的指南作用，可广泛应用于各级政府部门、会计师事务所、资产评估事务所、审计事务所等中介机构以及大专院校和科研院所评价及研究工作。

参考文献

[1] 张强，张定安. 美国联邦政府项目绩效评估及其效用分析[J]. 中国行政管理，2006(9)：35-38.

[2] 朱立言. 从绩效评估走向绩效管理——美国经验和中国实践[J]. 行政论坛，2008(2)：37-41.

[3] 李娅. 西方政府绩效评估：理论、实践及其启示[J]. 行政论坛，2007(3)：92-96.

[4] 单晓敏. 完善我国财政支出绩效管理的研究[D]. 苏州：苏州大学，2013.

[5] 朱立言，张强. 当代美国联邦政府绩效评估的方法和技术[J]. 国家行政学院学报，2005(6)：81-84.

[6] 王胜华. 典型国家财政支出绩效评价经验借鉴与启示[J]. 财政科学，2018，30(6)：147-156.

[7] 张爱梅. 美、英、澳部门预算绩效评价的经验及启示[J]. 黑龙江金融，2015(12)：65-66.

[8] 张军涛，刘建国. 国外政府部门绩效评估的经验与中国的反思[J]. 大连海事大学学报(社会科学版)，2007，6(5)：64-69.

[9] 聂常虹. 美国政府绩效考评制度及启示[J]. 财政研究，2012(9)：69-71.

[10] 马雁军. 英国公共部门综合绩效评估新框架的九个特点[J]. 新东方，2009(7)：54-57.

[11] 李萍，赵路，张洪武，等. 澳大利亚实行政府部门绩效考评的基本做法[J]. 财政研究，2004(5)：53-56.

[12] 包国宪，李一男. 澳大利亚政府绩效评价实践的最新进展[J]. 中国行政管理，2011(10)：95-99.

[13] 安硕琳,刘平华,李丽霞,等.发达国家预算绩效管理改革经验对我国的启示[J].农业科研经济管理,2016(2):33-35.

[14] 杜林子.澳大利亚的公共支出绩效考评制度[J].经济论坛,2005(2):31-33.

[15] 薛桂萍.西方国家财政支出绩效评价实践的启示[J].财会通讯,2011(35):155-156.

[16] 范晓婷.借鉴澳大利亚经验,完善北京市财政支出绩效评价体系[J].经济研究参考,2012(35):35-37.

[17] 马志远,韩一宾.NPM理论的应用与政府绩效管理实践——来自新西兰、澳大利亚政府治理模式的借鉴[J].财政研究,2013(3):78-80.

[18] 聂常虹.新西兰政府绩效考评的理论与实践[J].预算管理与会计,2005(5):14-17.

[19] 张璇.国外财政支出绩效评价理论发展与实践探索[J].中国经贸导刊,2018,915(32):42-43.

[20] 丁丽芸.新西兰政府预算绩效改革的经验及启示[J].探求,2017(4):116-120.

后　记

政府部门财政整体支出绩效评价是对预算部门整体支出的绩效目标完成情况、部门履职情况、预算管理水平进行客观公正的评价。通过部门财政整体支出的绩效评价，能够准确找到地方政府各个部门支出管理中存在的具体问题，促进其不断改进和创新已有的管理方式，提高管理效能和管理质量。

本书以政府部门财政整体支出绩效评价的目标内容与主要问题为研究对象，从国际与国内发达地区的政府部门财政整体支出的绩效评价比较分析中，运用科学的绩效评价方法对政府部门财政整体支出的评价流程及管理优化做了研究，构建了政府部门财政整体支出绩效的评价指标体系，并对绩效评价做出主要结论与展望。本书由南京工业大学经济与管理学院绩效评价课题组完成，主要撰稿人有蒋海玲（承担撰写十万字以上）、王冀宁、刘国新、李雯（江苏天宏华信会计师事务所有限公司）。参与编写人员有绩效课题组成员涂怡青、薛怡、赵梦秋、吴雪琴、韦浩然、王妍雯、曹冬生、孙悦、王雯熠（多伦多大学）、许潼（杜伦大学）。